# ELOGIOS PARA *DÍAS*

¡Max Lucado lo hizo otra vez! En su nuevo libro, *Días de gloria,* Max está animando a una generación de cristianos a heredar su herencia, a pelear por la victoria y a tomarle la palabra a Dios. Max nos recuerda todo lo que tenemos en Cristo y la necesidad de la fe y la obediencia al enfrentar pruebas y circunstancias difíciles.

GREG LAURIE, PASTOR PRINCIPAL, HARVEST CHRISTIAN FELLOWSHIP;
FUNDADOR, HARVEST CRUSADES

En algún momento, muchos nos hemos preguntado si esta es la mejor vida cristiana que podemos vivir. Tal vez hemos experimentado pérdidas o nos sentimos muy lejos de Dios. En *Días de gloria,* Max Lucado explica que tenemos un Salvador maravilloso que está esperando a que nos acerquemos a él para encontrar libertad y victoria. ¡Él quiere llevarnos a la Tierra Prometida! A través de la historia de Josué, Max explica cómo podemos dejar atrás nuestro pasado y caminar a la vida gloriosa que Dios tiene para nosotros.

Creo que la unción del Señor está sobre Max para escribir y comunicar las verdades de Dios a esta generación. Este libro no solo comunica el corazón de Dios, sino que transforma vidas, cambia tu percepción del cielo, construye el reino y te edifica personalmente. Al igual que todos sus otros libros, *Días de gloria* cambiará tu vida.

ROBERT MORRIS, FUNDADOR Y PASTOR PRINCIPAL, GATEWAY CHURCH; AUTOR DE LOS ÉXITOS DE
LIBRERÍA, *UNA VIDA DE BENDICIÓN, DEL SUEÑO AL DESTINO* Y *TRULY FREE*

En el estilo clásico de Lucado, *Días de gloria* revela lo que significa entender que Dios pelea por ti y cómo este conocimiento transformará cada aspecto de tu vida. Este es un mensaje que la iglesia necesita y un recordatorio del que todo creyente puede sacar provecho.

MARK BATTERSON, AUTOR DEL *BEST SELLER* EN LA LISTA DEL *NEW YORK TIMES, SÉ UN
HACEDOR DE CÍRCULOS;* Y PASTOR PRINCIPAL, NATIONAL COMMUNITY CHURCH

Gracias, hermano Max, por trazar la senda para descubrir una vida gratificante y gloriosa en Cristo de una manera tan clara y amena. Para el lector: haz con este libro lo que Elías hizo con el agua al reconstruir el altar de la gloria de Dios en el monte Carmelo. Léelo, léelo y léelo otra vez. Luego, aléjate de todo esfuerzo humano y ora. Y verás la gloria de Dios llenar tu vida una vez más.

CARTER CONLON, PASTOR PRINCIPAL, TIMES SQUARE CHURCH

# También por Max Lucado

# DÍAS DE GLORIA

## DISFRUTA TU VIDA EN LA TIERRA PROMETIDA AHORA

# MAX LUCADO

**GRUPO NELSON**
Una división de Thomas Nelson Publishers
*Desde 1798*

NASHVILLE   MÉXICO DF.   RÍO DE JANEIRO

A LeeEric Fesko y Elizabeth Johnson con inmensa gratitud
por su servicio desinteresado y liderazgo constante.

Estos son Días de Gloria.
Mi pasado es pasado,
mi futuro es prometedor,
las promesas de Dios son verdaderas y
su Palabra es fiel.
Con Dios como mi ayudador,
seré todo lo que él quiere que sea,
haré todo lo que él quiere que haga,
y recibiré todo lo que él quiere que reciba.
Estos son Días de Gloria.

# CONTENIDO

# RECONOCIMIENTOS

Este libro existe porque día tras día y en todo momento, las personas que menciono a continuación dicen: «aquí estoy», toman buenas decisiones, presentan ediciones valiosas y saben cuándo darme un pescozón y cuando un abrazo. Encontrarás sus fotografías en el Salón de la Fama de la industria editorial.

Editores: Liz Heaney, Karen Hill, Carol Bartley y David Drury.

Gerentes y amigos de toda una vida: Steve y Cheryl Green.

Equipo editorial de TNI: Mark Schoenwald, Dave Moberg, Laura Minchew y docenas de otras personas extraordinarias que supervisan, mercadean y administran.

Genios en mercadeo: Greg y Susan Ligon, Jana Muntsinger y Pamela McClure.

Colaboradores en el ministerio radial: Peggy Campbell, Evelyn Gibson y el equipo de la agencia de publicidad *Ambassador*.

Familia y colaboradores de la iglesia Oak Hills, especialmente Randy Frazee, Mark Tidwell, Janie Padilla, Margaret Mechinus y Dave Treat.

Y mi propia familia: Brett, Jenna, Andrea, Jeff, Sara y Andy. Ustedes alegran mi corazón.

Y mi esposa maravillosa, Denalyn. Lo que Josué hizo por los hebreos, tú lo haces por mí todos los días. Me ayudas a salir del desierto. Te amo por siempre.

# I

# DÍAS DE GLORIA

Durante siete años fueron prácticamente intocables.

Siete naciones conquistadas. Treinta y un reyes derrotados. Unos mil seiscientos kilómetros cuadrados de tierras de primera reclamados.

Siete años de éxito desenfrenado.

Fueron superados en número pero no en poder. En armamento, pero no en victorias. Contra todas las probabilidades, vencieron a algunos de los ejércitos más bárbaros de la historia. Si la confrontación militar hubiera sido una pelea por el título mundial, el árbitro la habría detenido en el primer round.

A los hebreos no los paraba nadie.[1]

Pero no siempre había sido así. La Biblia no deja de mencionar las cosas negativas del pueblo escogido de Dios. Abraham tuvo demasiadas esposas. Jacob dijo demasiadas mentiras. Esaú vendió su primogenitura. Los hermanos de José lo vendieron. Cuatro siglos de esclavitud egipcia fueron seguidos por cuarenta años de peregrinación por el desierto. Y luego, setenta años de exilio en Babilonia.

———

Construyeron dos templos para terminar perdiéndolos. Se les dio el arca del pacto y también la perdieron. Babilonia edificó sus ciudades. Grecia exhibió su poderío. Roma expandió su imperio. ¿E Israel? En el aula de las sociedades antiguas, era el niño con el ojo morado, intimidado y maltrecho.

Excepto por aquellos siete años. Los Días de Gloria de Israel. En la cronología de tu Biblia, la era resplandece entre los días difíciles del Éxodo y el periodo oscuro de los Jueces. Moisés acababa de morir, y los hebreos estaban comenzando su quinta década como beduinos en el desierto. Y en algún momento, cerca del 1400 A.C.,[2] Dios habló, Josué escuchó y los Días de Gloria comenzaron. El río Jordán se dividió. Los muros de Jericó cayeron. El sol se detuvo y los reyes de Canaán tuvieron que acogerse a una jubilación anticipada. La maldad fue derrotada y renació la esperanza. Para el final de la campaña, los nómadas sin hogar se habían convertido en colonos llenos de esperanza. Una nación de pastores comenzaba a forjarse un futuro en los montes cananeos. Construyeron granjas, aldeas y viñedos. Los logros fueron tan completos que el historiador escribió:

> De esta manera dio Jehová a Israel toda la tierra que había jurado dar a sus padres, y la poseyeron y habitaron en ella. Y Jehová les dio reposo alrededor, conforme a todo lo que había jurado a sus padres; y ninguno de todos sus enemigos pudo hacerles frente, porque Jehová entregó en sus manos a todos sus enemigos. No faltó palabra de todas las buenas promesas que Jehová había hecho a la casa de Israel; todo se cumplió. (Jos 21.43–45)

¡Qué declaraciones tan contundentes! «Dio Jehová [...] toda la tierra». «Jehová les dio reposo». «Ninguno de todos sus enemigos pudo hacerles frente». «Todo se cumplió». El frío invernal dio paso al deshielo primaveral, y nació una nueva temporada.

---

Quizás tú también necesitas una nueva temporada. No necesitas cruzar el río Jordán, pero necesitas llegar al final de la semana. No estás enfrentando a Jericó, pero estás enfrentando rechazo y aflicción. Los cananeos no te acechan, ¿pero la enfermedad, el desaliento y el peligro? Rampantes. Te preguntas si tienes lo que hace falta para enfrentar el mañana.

Quizás te puedas identificar con el pequeñín que vi en la terminal de un aeropuerto. Él y su familia estaban en sus vacaciones de verano. Por lo menos, eso dedujo mi instinto de Sherlock Holmes por su forma de vestir. Chancletas, gorras de béisbol y sombreros de paja. Se encaminaban a una semana de playa, arena y sol.

Todo en la expresión del papá gritaba: «¡Apúrense! ¡Tenemos que correr si queremos alcanzar la conexión!». La terminal era su campo de fútbol y la puerta de embarque su zona de anotación. Y él estaba decidido a anotar un gol.

*¿Podrá el pequeñín mantener el paso?* me preguntaba. Mamá podía. Ella caminaba al lado de su esposo zancada a zancada. Los hermanos mayores también. Se acomodaron sus mochilas y se inclinaron hacia adelante para de alguna manera beneficiarse de la protección que les ofrecía el cuerpo de sus padres.

¿Pero el pequeñín? Solo tenía cinco años, seis como mucho. Se veía decisión en su mirada; sin embargo, sus piernas eran muy cortas. Y tampoco ayudaba el que estuviera arrastrando su maletita de Mickey Mouse. Tampoco el que todo el mundo civilizado formara una muchedumbre en el aeropuerto. Trataba de mantener el paso de sus padres, pero simplemente no podía.

Así que se detuvo. Justo en medio del caos, se dio por vencido. Soltó su maleta, se sentó en ella y gritó en dirección a su familia, que desaparecía a la distancia: «¡No puedo mantener el paso!».

¿Puedes identificarte con esto?

A veces, el reto es simplemente demasiado. Quieres mantener el paso. Lo intentas. No es que no trates. Simplemente te quedas sin fuerzas. La vida tiene su forma de arrancarnos la existencia.

El libro de Josué está en la Biblia para esos momentos. Nos reta a creer que nuestros mejores días están por delante. Dios tiene una Tierra Prometida para que la conquistemos.

La Tierra Prometida era la tercera parada en el itinerario icónico de los hebreos. Su peregrinación había comenzado en Egipto, continuado a través del desierto y concluido en Canaán. Cada estación representa una condición de vida distinta. Geografía hecha teología. En Egipto, los hebreos habían sido esclavos de Faraón. En el desierto, se habían liberado de Faraón pero seguían esclavizados, ahora por el miedo. Rehusaron entrar a la Tierra Prometida y languidecieron en el desierto. Solo en Canaán descubrieron la victoria. Egipto, el desierto y Canaán. Esclavos de Faraón, esclavos del miedo y, finalmente, el pueblo de la promesa.

Nosotros, también, hemos hecho este itinerario. Egipto representa nuestros días antes de la salvación. Éramos esclavos del pecado. Llevábamos los grilletes de la culpa y de la muerte. Pero entonces llegó nuestro Libertador, Jesucristo. Por su gracia y en su poder, cruzamos el Mar Rojo. Él nos libertó de la vieja vida y nos ofreció una vida nueva en Canaán.

Nuestra Tierra Prometida no es un territorio físico; es una realidad espiritual. No es un bien raíz, sino un bien de corazón y mente.

Una vida en la Tierra Prometida en la que «somos más que vencedores por medio de [Cristo] que nos amó» (Ro 8.37).

Una vida en la que «nunca nos damos por vencidos» (2 Co 4.16 NTV).

Una vida en la que «el amor de Cristo se ha apoderado de nosotros» (2 Co 5.14 DHH).

Una vida en la que «en medio de todas nuestras aflicciones se desborda mi alegría» (2 Co 7.4 NVI).

Una vida en la que «por nada [estamos] afanosos» (Fil 4.6), en la que estamos «orando en todo tiempo» (Ef 6.18), en la que hacemos «todo en el nombre del Señor Jesús, dando gracias a Dios Padre por medio de él» (Col 3.17).

Canaán es una vida definida por la gracia, refinada por el reto y ratificada con un llamado divino. En el plan de Dios, en la *tierra* de Dios, con frecuencia ganamos más de lo que perdemos, perdonamos tan pronto como nos ofenden, y damos tan abundantemente como recibimos. Servimos según nuestros talentos y nos deleitamos en nuestra misión. Es posible que tropecemos, pero no nos desplomamos. Tal vez pasamos apuros, pero desafiamos a la desesperanza. Presumimos solo en Cristo, confiamos solo en Dios, y nos apoyamos enteramente en su poder. Disfrutamos de fruto abundante y fe creciente.

Canaán simboliza la victoria que podemos alcanzar hoy. A pesar de lo que sugiere el himno «A la tierra de Canaán me encamino, donde el alma del hombre nunca muere»,[3] Canaán no es una metáfora para cielo. La idea es hermosa, pero el simbolismo no funciona. El cielo no tendrá enemigos; Canaán tuvo por lo menos siete naciones enemigas. En el cielo no habrá batallas. Josué y sus hombres pelearon por lo menos treinta y una (Jos 12.9–24). En el cielo no habrá tropiezos ni luchas. Este no fue el caso de los hombres de Josué. Ellos tropezaron y lucharon, pero sus victorias sobrepasaron por mucho a sus derrotas.

Por lo tanto, Canaán no representa la vida por venir. ¡Canaán representa la vida que podemos vivir ahora!

Dios nos invita a entrar a Canaán. Solo existe una condición. Tenemos que darle la espalda al desierto.

De la misma forma que Canaán representa la vida cristiana victoriosa, el desierto representa la *derrotada*. Allí, el pueblo hebreo era libre de la esclavitud egipcia, pero si los hubieses escuchado, no te habrías dado cuenta. A solo tres días de su liberación «el pueblo murmuró contra Moisés, y dijo: ¿Qué hemos de beber?» (Éx 15.24).

Unos pocos días después «toda la congregación de los hijos de Israel murmuró contra Moisés y Aarón en el desierto [...] "Ojalá hubiéramos muerto por mano de Jehová en la tierra de Egipto [...] pues nos habéis sacado a este desierto para matar de hambre a toda esta multitud"» (16.2–3).

«Y altercó el pueblo con Moisés» (17.2), y «murmuró contra Moisés» (v. 3). Inhalaban ansiedad como si fuera oxígeno. Se quejaron hasta el punto que Moisés oró: «¿Qué haré con este pueblo? De aquí a un poco me apedrearán» (v. 4).

¿Cómo llegaron los hebreos hasta este extremo? No fue por falta de milagros. Ellos vieron el poder de Dios en alta definición. Vieron langostas devorar cultivos, úlceras devorar piel, mosquitos invadir las cortes de Faraón. Dios convirtió a egipcios que se daban golpes de pecho en cebo para tiburones justo delante de sus ojos. Sin embargo, cuando Dios los mandó a entrar a Canaán, diez de los doce espías que regresaron de reconocer la tierra, dijeron que la misión era imposible. Los gigantes eran demasiado grandes para ellos. «Comparados con ellos, parecíamos langostas», dijeron (Nm 13.33 NVI). *Éramos como insectos pequeños, pequeñitos. Nos aplastarían.*

Así que Dios les dio tiempo para reflexionar. Puso a la nación completa en espera, nada menos que por casi cuarenta años. Caminaron en círculos. Comieron la misma comida todos los días. La vida se les hizo una rutina interminable: las mismas piedras, las mismas lagartijas, las mismas serpientes. Las victorias escaseaban. El progreso era lento. Estaban a salvo, pero no eran fuertes. Redimidos, pero no liberados. Estaban a salvo de Faraón, pero atascados en el desierto. Monotonía. Rutina. Aburrimiento. Cuatro décadas de tedio.

¡Horrible!

Tal vez te suene familiar.

Hoy me senté a almorzar con alguien que vive en una miserable mediana edad. Me describió su vida con palabras como *atascado, esclavo de la rutina* y *atrapado*.

Es creyente. Te puede decir el día cuando escapó de Egipto. Pero no te puede decir cuándo fue la última vez que venció una tentación o experimentó una oración contestada. Veinte años en la fe y todavía pelea las mismas batallas que estaba peleando el día que vino a Cristo. Está fuera de Egipto, pero Egipto no está fuera de él.

No lo dijo con palabras, pero pude sentirlo: «Pensaba que la vida cristiana sería mejor que esto». Se siente desconectado y desalentado. Es como si la puerta hacia el crecimiento espiritual tuviera una cerradura y todo el mundo tuviera la llave, menos él. No sabe a quién culpar. ¿A él mismo? ¿A la iglesia? ¿A Dios? No sabe qué hacer. ¿Cambiar de congregación? ¿Leer otra traducción de la Biblia? ¿Reducir el paso y reflexionar? ¿Involucrarse más y trabajar?

Mi amigo no está solo en el desierto. El Proyecto REVEAL se dio a la tarea de buscar a unos Josué. En 2007 comenzaron a entrevistar a creyentes de más de mil iglesias. Querían saber a cuántos de ellos los impulsaba su fe para amar a Dios y a su prójimo con todo el corazón. ¿Cuántos describirían sus días como Días de Gloria?

¿La respuesta? Once por ciento.[4]

¡Once por ciento! En otras palabras, ¡casi nueve de cada diez creyentes languidecen en el desierto! ¿Salvos? Sí. ¿Dotados con poder? No. Desperdiciando sus vidas en la peor de las maneras: en la Tierra del Vamos-a-ver-qué-pasa. Fuera de Egipto pero sin haber llegado a Canaán.

¡Once por ciento! Si una escuela solo graduara al once por ciento de sus estudiantes, si un hospital sanara solo al once por ciento de sus pacientes, si un equipo de béisbol solo ganara el once por ciento de sus juegos, si un constructor de casas solo completara el once por ciento de sus proyectos, ¿no crees que habría que hacer algo? La iglesia tiene una seria deficiencia.

También tenemos una oportunidad extraordinaria. Cerca de 2,2 billones de personas en nuestro planeta dicen ser cristianos. Esto representa aproximadamente una tercera parte de la población mundial.[5] Si los datos de REVEAL son un indicativo, quiere decir que cerca de dos billones de esos 2.2 de cristianos avanzan dando resoplidos y usando una fracción de sus caballos de fuerza. Ese letargo solo puede producir iglesias débiles y ministerios indiferentes. ¿Qué pasaría si se les ajustara el motor? ¿Cómo cambiaría el mundo si dos billones de personas salieran del desierto? ¿Cuánta alegría se liberaría a la atmósfera? ¿Cuánta sabiduría se podría extraer y compartir? ¿Cuántos matrimonios se salvarían? ¿Cuántas guerras podrían prevenirse? ¿Cuánta hambre podría erradicarse? ¿Cuántos orfanatos se construirían? Si cada cristiano comenzara a vivir la vida de la Tierra Prometida, ¿cómo cambiaría el mundo?

Si tú comenzaras a vivir la vida de la Tierra Prometida, ¿cómo cambiarías? ¿Sientes alguna desconexión entre las promesas de la Biblia y la realidad de tu vida? Jesús ofrece alegría abundante. No obstante, vives con una pena agobiante. Las epístolas hablan de gracia, pero cargas muchísima culpa. Somos «más que vencedores» (Ro 8.37), sin embargo, somos frecuentemente conquistados por tentaciones o debilidades.

Estamos atrapados entre Egipto y Canaán.

Piensa en el cristiano que anhelas ser. ¿Qué cualidades quieres tener? ¿Más compasión? ¿Más convicción? ¿Más valor? ¿Qué actitudes quieres descontinuar? ¿Avaricia? ¿Culpa? ¿Negativismo interminable? ¿Un espíritu crítico?

He aquí la buena noticia. Puedes hacerlo. Con la ayuda de Dios, puedes cerrar la brecha entre la persona que eres y la persona que quieres ser; de hecho, la persona que Dios siempre ha querido que seas.

Puedes vivir «de gloria en gloria» (2 Co 3.18). Los muros de Jericó ya han sido declarados en ruinas. Los gigantes ya están huyendo. Las escrituras para tu nueva vida en Canaán ya han sido firmadas. Solo depende de ti el poseer la tierra.

Josué y sus hombres lo hicieron. Pasaron de una tierra estéril a la Tierra Prometida, de maná a banquetes, de desiertos áridos a campos fértiles. Heredaron su herencia. Su epitafio merece que vuelva a leerse.

> De esta manera dio Jehová a Israel toda la tierra que había jurado dar a sus padres, y la poseyeron y habitaron en ella. Y Jehová les dio reposo alrededor, conforme a todo lo que había jurado a sus padres; y ninguno de todos sus enemigos pudo hacerles frente, porque Jehová entregó en sus manos a todos sus enemigos. No faltó palabra de todas las buenas promesas que Jehová había hecho a la casa de Israel; todo se cumplió. (Jos 21.43–45)

Personaliza esa promesa. Escribe tu nombre en los espacios en blanco.

> De esta manera dio Jehová a _____ toda la tierra que había jurado dar. Y _____ la poseyó y habitó en ella. Y Jehová le dio a _____ reposo alrededor... y ninguno de todos sus enemigos pudo hacerle frente. No faltó palabra de todas las buenas promesas que Jehová había hecho a _____; todo se cumplió.

Esta es la visión de Dios para tu vida. Imagínalo. Tú a toda máquina. Tú como se supone que fueras. Tú como vencedor sobre los Jericó y los gigantes.

Tú y tu vida en la Tierra Prometida.

Y está ahí para que la poseas.

DÍAS DE GLORIA

Habrá confrontación. El enemigo no se dará por vencido sin pelear. Sin embargo, espera un gran progreso. La vida es distinta al otro lado del Jordán. Los logros superan los fracasos. Las promesas de Dios superan los problemas personales. La victoria se convierte —si nos atrevemos a imaginarlo—, en una forma de vida. ¿No crees que ya es tiempo de cambiar tu dirección postal del desierto a la Tierra Prometida? Tus Días de Gloria te esperan. ¿Estás listo para marchar?

# 2

# HEREDA TU HERENCIA

*Josué 1.1–6*

Ha llegado el momento de atacar la enfermedad. Ha rugido, intocable, por demasiado tiempo. Sin ningún tipo de trabas, ha contagiado a demasiadas personas. La miseria hace reverencia a su paso. Sueños abandonados, matrimonios destruidos, esperanzas tronchadas. ¿Acaso la enfermedad ya no ha contaminado suficientes vidas?

Es tiempo de declararle la guerra a la plaga que responde al nombre «no puedo».

Ella ataca a nuestro dominio propio: «No puedo resistir la botella». Carreras profesionales: «No puedo conservar ningún empleo». Matrimonios: «No puedo perdonar». Nuestra fe: «No puedo creer que Dios se preocupe por mí».

«No puedo». La frase merodea en la esquina entre Desaliento y Desesperanza. Si Josué hubiera dicho entre dientes esas palabras, ¿quién lo habría culpado? Su libro comienza con malas noticias: «Aconteció después de la muerte de Moisés siervo de Jehová» (Jos 1.1).

Nadie se comparaba a Moisés. Cuando el pueblo hebreo estaba esclavizado, Moisés confrontó a Faraón. Cuando el Mar Rojo rugió, Moisés oró pidiendo ayuda. Cuando los exesclavos estuvieron hambrientos, sedientos o confundidos, Moisés intervino, y Dios suplió alimento, agua y los Diez Mandamientos. Moisés significaba más para los hebreos que lo que la reina Victoria, Napoleón y Alejandro Magno significaron para su gente. Hasta George Washington comparte el Monte Rushmore con otros tres presidentes. Si el rostro de Moisés hubiera sido esculpido en el monte Sinaí, los hebreos jamás habrían permitido que otro compartiera el honor con él. Perder a Moisés era perder la causa.

Y lo perdieron. Moisés murió.

¡Consternación, pena, miedo! Y, sin embargo, antes de que la hierba creciera sobre la tumba de Moisés, Dios le dijo a Josué: «Moisés ha muerto; ahora, pues, levántate» (v. 2).

Nosotros asumiríamos una táctica diferente. «Moisés ha muerto; ahora, pues, guarda luto... retírate... reorganízate... encuentra a un terapista». Pero Dios dijo: «Ahora, pues, levántate».

No tardamos en ver un anticipo del tema principal del libro de Josué: el poder de Dios alterando el marcador. Moisés está muerto, pero Dios está vivo. El líder ha fallecido, pero el Líder sigue vivo.

Aun así, Josué habría tenido razón para decir «no puedo». Dos millones de razones. Según el censo en el libro de Números, había 601.730 hombres con veinte años o más, sin contar a los levitas, que cruzaron a Canaán.[1] Si asumimos que dos terceras partes de estos hombres tenían esposa y tres hijos, el número se acerca a dos millones de hebreos. Josué no estaba llevando a una tropa de Boy Scouts a Canaán. Estamos hablando de una población del tamaño de la ciudad de Houston.

Dos millones de hebreos *inexpertos*. Nunca antes habían pasado por aquí. Podían pelear contra serpientes, leopardos y tormentas de arena. ¿Pero traspasar los muros de Jericó? ¿Resistirse a los carros con ruedas de hierro de los cananeos? ¿Guerrear contra los bárbaros sanguinarios del otro lado del río?

---

Ferezeos, heteos, cananeos, amorreos... para nosotros solamente son nombres raros. Sin embargo, estos eran nombres que provocaban miedo en el corazón del pueblo hebreo. Estas tribus eran un pozo de maldad. Aparecen en las páginas de las Escrituras cuando Dios hace su promesa a Abram:

> Ten por cierto que tu descendencia morará en tierra ajena, y será esclava allí, y será oprimida cuatrocientos años [...] [pero] volverán acá; porque aún no ha llegado a su colmo la maldad del amorreo hasta aquí. (Gn 15.13, 16)

Durante ocho siglos, los amorreos habían desarrollado una cultura de degradación. En sus ceremonias de adoración sacrificaban bebés, practicaban orgías y se dedicaban a la hechicería y a la idolatría. Un erudito llamó a la Canaán del siglo trece antes de Cristo «un nido de serpientes que sacrificaban niños y practicaban la prostitución sagrada, [...] [gente que era] despiadadamente devota al uso de los miembros más inocentes y vulnerables de la comunidad (bebés y vírgenes) para manipular a Dios o a los dioses en su beneficio».[2] El Libro de los Jubileos, probablemente escrito en el siglo dos antes de Cristo, llamaba a los amorreos «un pueblo malvado y pecaminoso, cuya perversidad sobrepasa a la de cualquier otro, y cuya vida será acortada en la tierra».[3]

Otras razones por las que Josué pudo haber dicho «no puedo».

Excusa #1: «Moisés está muerto». Excusa #2: «Mi pueblo es inexperto en asuntos de batalla». Excusa #3: «Los cananeos se comen en el desayuno a gente como nosotros».

Sin embargo, Josué nunca declaró derrota. Antes de que pudiera organizar sus miedos, Dios le dio una razón para tener fe. «Ahora, pues, levántate y pasa este Jordán, tú y todo este pueblo, a la tierra que yo les doy» (Jos 1.2).

No «la tierra que *podría* darles».

No «la tierra que debes conquistar».

No «la tierra donde tienes que probar lo que vales».

No «la tierra que debes ganar, confiscar o comprar».

Sino, «la tierra que yo les doy».

La transacción ya había ocurrido. La tierra ya había sido transferida. La conquista era un hecho consumado. A Josué no se lo estaba enviando a tomar la tierra, sino a recibir la tierra que Dios ya había tomado. La victoria era segura porque la victoria era de Dios.

Hmmm.

Mi papá me dijo algo parecido cuando yo tenía dieciséis años. Nuestra familia estaba cenando cuando ocurrió la cosa más extraña. En algún punto entre pasar los guisantes y los frijoles, aparecieron las llaves de un auto al lado de mi plato.

El diálogo que siguió fue algo así:

MAX: ¿Y estas llaves?

PAPÁ: Son las llaves del Plymouth Belvedere que está estacionado en la entrada de la casa.

MAX: ¿Y de quién es ese auto?

PAPÁ: Tuyo.

MAX: ¿Estás hablando en serio?

PAPÁ: Tan serio como un ataque cardiaco.

MAX: *Glup.*

Todos los días de mi vida le había pedido un auto a mi papá. En la imagen de mi ultrasonido aparece un rótulo que dice: «¡Un auto, por favor!». La mayoría de los bebés gritan: «¡Mamá!». Yo gritaba: «¡Mustang!».

La respuesta típica de mi papá a mi súplica había sido: «Tendrás un auto cuando te lo hayas ganado, cuando califiques, cuando ahorres para comprarlo, cuando solicites y te den un préstamo, cuando recibas una subvención del gobierno o pagues por él». Me había hecho creer que la adquisición de un automóvil era responsabilidad mía.

Pero entonces llegó aquella noche maravillosa y gloriosa cuando mi papá me entregó las llaves. La compañía para la que trabajaba había celebrado una subasta y él, en un momento de debilidad, había comprado un auto para mí. Por consiguiente, no me entregó una libreta con cupones de pago ni ningún otro requisito, sino las llaves. «Toma el auto que te estoy regalando».

Tenía un auto nuevo porque él lo decía.

Los hebreos tenían una tierra nueva porque su Padre lo decía. Y justo cuando Josué alzaba su quijada que se le había caído hasta el suelo, Dios explicó las dimensiones del regalo:

> Yo os he entregado, como lo había dicho a Moisés, todo lugar que pisare la planta de vuestro pie. Desde el desierto y el Líbano hasta el gran río Éufrates, toda la tierra de los heteos hasta el gran mar donde se pone el sol, será vuestro territorio. (Jos 1.3–4)

No lo olvides. Los hebreos eran nómadas. No eran dueños ni siquiera de un solar baldío. Sin embargo, por un decreto espléndido y divino recibieron las escrituras para la tierra de sus sueños. Dios balanceó las llaves de Canaán frente a los ojos del protegido de Moisés y le dijo: «Llévala a dar una vuelta». Y en uno de los momentos más extraordinarios en la historia de Israel, Josué dijo: «Sí». Y recibió su herencia.

La palabra *herencia* es al libro de Josué lo que los restaurantes son a Manhattan: está por todas partes. La palabra aparece casi sesenta veces. El mandato de poseer la tierra aparece en cinco ocasiones. El gran logro del pueblo hebreo se resume aquí: «Y envió Josué al pueblo, cada uno a su posesión» (Jos 24.28).

¿Es tiempo de que recibas la tuya?

Tú tienes una. Si le entregaste tu corazón a Cristo, Dios te ha dado tu Canaán. Él «[te] ha bendecido en las regiones celestiales con toda bendición espiritual en Cristo» (Ef 1.3 NVI).[4]

Nota el tiempo del verbo: «[te] *ha* bendecido». No «[te] *va a* bendecir, no *tal vez* te bendiga, ni *algún día podría* bendecirte». No. La escritura de propiedad de la Tierra Prometida tiene tu nombre. Los registros legales en el cielo han sido cambiados. Dios ya te ha dado tu Canaán. Ya tienes todo lo que necesitas para ser todo lo que Dios desea. Tienes acceso a «las regiones celestiales con toda bendición espiritual en Cristo».

Este tal vez sea el secreto mejor guardado de la cristiandad. Nosotros subestimamos lo que nos ocurrió al momento de nuestra conversión. Como señaló un escritor: «Muchos cristianos ven su conversión algo así como un túnel de lavado de carros: entras como un carro chatarra sucio y sales con tus pecados lavados... un carro chatarra limpio».[5] Sin embargo, la conversión es más que la remoción de pecado. Es un depósito de poder. Es como si te quitaran un motor de dos cilindros, con muchísimas millas corridas, y te colocaran un motor de Ferrari nuevo. Dios removió el motor viejo, cubierto de costra, agrietado y roto con rebelión y maldad, y lo reemplazó con una versión enérgica y rugiente de sí mismo. La esencia de Cristo está incrustada en ti. «De modo que si alguno está en Cristo, nueva criatura es; las cosas viejas pasaron; he aquí todas son hechas nuevas» (2 Co 5.17).

¡Estás completamente equipado! ¿Necesitas más energía? La tienes. ¿Más bondad? Es tuya. ¿Te hace falta algo de dominio propio, autodisciplina, autoestima? Dios te «[capacitará] con todo lo que [necesites] para hacer su voluntad» (Heb 13.21 NTV). Solo aprieta el acelerador. «Dios nos ha dado todo lo que necesitamos para llevar una vida de rectitud» (2 P 1.3 NTV).

Los Días de Gloria comienzan con un cambio de paradigma.

En Canaán, no peleas *por* la victoria. Peleas *desde* la victoria. En el desierto, te afanas. En Canaán, confías. En el desierto, buscas la atención de Dios. En Canaán, ya tienes el favor de Dios. En el desierto, dudas de tu salvación. En Canaán, sabes que eres salvo. Pasas del «querer tener» a creer que ya tienes.

Cuando naciste en Cristo, fuiste integrado en la familia real de Dios. «Mas a todos los que le recibieron, a los que creen en su nombre, les dio potestad de ser hechos hijos de Dios» (Jn 1.12). Y como eres parte de la familia, tienes acceso a las bendiciones de la familia. A todas ellas. «En él asimismo tuvimos herencia» (Ef 1.11).

¿Te sorprende? No has oído nada todavía. En otro pasaje, el apóstol Pablo describió el valor de tu porfolio. «El Espíritu mismo da testimonio a nuestro espíritu, de que somos hijos de Dios. Y si hijos, también herederos; herederos de Dios y coherederos con Cristo» (Ro 8.16–17).

Somos coherederos con Cristo. El término griego en este pasaje es *sugkleronomos* (*sug*—juntos; *kleronomos*—herencia).[6] ¡Compartimos la misma herencia de Cristo! Nuestra porción no es una miseria. No heredamos las sobras. No nos vestimos con ropa usada. No nos dejan al margen con los primos lejanos. En la tradición del tiempo de Pablo, el hijo primogénito recibía doble porción, mientras que el resto de los hermanos tenían que repartirse lo que quedaba. No es así con Cristo. «Porque nosotros somos en este mundo tal como es Jesucristo» (1 Jn 4.17 DHH). ¡La porción de Cristo es nuestra porción! ¡Todo lo que él tiene, nosotros lo tenemos!

Piensa lo que esto significa. Jesús cobró cheques contra una cuenta sin límites. Los rencores no lo consumieron. La desesperanza no lo controló. Los cambios de humor no afectaron su alegría. Su convicción era a prueba de balas. Él era el Fort Knox de la fe. Y cuando le rendimos nuestro corazón, él nos entrega su chequera.

Entonces, ¿cómo explicamos la desconexión? Si somos coherederos con Cristo, ¿por qué luchamos en la vida? Nuestra herencia es perfecta paz, en cambio nos sentimos como un perfecto desastre. Tenemos acceso al nivel de alegría de Jesús; sin embargo, caminamos a paso lento como burros con problemas digestivos. Dios promete suplir cada necesidad; no obstante, seguimos preocupándonos y poniéndonos nerviosos.

¿Por qué?

Puedo pensar en un par de razones.

*No sabemos de nuestra herencia.* Nadie nos ha contado sobre la «supereminente grandeza de su poder para con nosotros los que creemos» (Ef 1.19). Nadie nos ha dicho que peleamos desde la victoria, no por la victoria. Nadie nos ha dicho que la tierra ya ha sido conquistada. Algunos cristianos nunca viven de su herencia porque no saben que tienen una.

Pero ahora ya lo sabes. Ahora sabes que fuiste creado para más que el desierto. Dios te salvó de Egipto para poder bendecirte en la Tierra Prometida. Moisés tuvo que recordarle al pueblo que «[Dios] nos sacó de allá, para traernos [a Canaán]» (Dt 6.23). También hay una razón para nuestra redención. Dios nos sacó para poder dirigirnos. No libertó para poder levantarnos.

El regalo ha sido dado. ¿Confiarás en él?

¡Ah! Ahí se encuentra la segunda explicación para nuestras debilidades.

*No creemos en nuestra herencia.* Ese fue el problema de los antepasados de Josué. Realmente no creyeron que Dios les daría la tierra. Los Días de Gloria de los hebreos pudieron haber comenzado cuatro décadas antes, algo a lo que Dios aludió en su promesa a Josué: «Yo os he entregado, como lo había dicho a Moisés, todo lugar que pisare la planta de vuestro pie» (Jos 1.3). ¿El recordatorio? *Le hice esta oferta al pueblo del tiempo de Moisés, pero no la aceptaron. Prefirieron el desierto. No cometas el mismo error.*

Josué no lo hizo sino que le tomó la palabra a Dios e inició la tarea de heredar la tierra.

Haz tú lo mismo. Recibe la tuya. La presencia de Dios está incrustada en ti. No midas tu vida según tu capacidad; mídela según la de Dios. Si no puedes perdonar, Dios sí puede. Y como él puede, tú puedes. No puedes romper con el hábito, pero Dios sí puede. Y como él puede, tú puedes. No puedes controlar tu lengua, tu temperamento o tus urgencias sexuales, pero Dios sí puede. Y como tienes acceso a todas las bendiciones del cielo, tú, en su tiempo, encontrarás la fuerza.

Las llaves del carro que están sobre la mesa son tuyas. La vida en la Tierra Prometida es tuya si la deseas. Cambia tu mentalidad de desierto a Canaán.

La mentalidad de desierto dice: «Soy débil y siempre seré débil».

La gente de Canaán dice: «Soy débil, pero estoy cobrando fuerzas».

La gente del desierto dice: «Soy una víctima de mi medio ambiente».

La gente de Canaán dice: «Soy vencedor a pesar de todo lo que me rodea».

La gente del desierto dice: «Estos son días difíciles. Nunca voy a poder superarlos».

La gente de Dios dice: «Estos son Días de Gloria. Dios me ayudará a superarlos».

Imagínate lo que ocurriría si una generación de cristianos viviera de su herencia. Hombres y mujeres apagarían la pornografía de la Internet. La persona sola encontraría consuelo en Dios, no en brazos de extraños. Las parejas en peligro pasarían más tiempo en oración, y menos peleando. Los hijos considerarían que es una bendición preocuparse de sus padres ancianos.

Una generación de cristianos dejaría desierto el desierto.

«Cuán incomparable es la grandeza de su poder a favor de los que creemos. Ese poder es la fuerza grandiosa y eficaz que Dios ejerció en Cristo cuando lo resucitó de entre los muertos» (Ef 1.19–20 NVI).

La misma tremenda fuerza que resucitó a Cristo de entre los muertos convertirá cada uno de tus «no puedo» en «sí puedo». «Pues todo lo puedo hacer por medio de Cristo, quien me da las fuerzas» (Fil 4.13 NTV).

Un nuevo día te espera, mi amigo. Una nueva temporada de logros, descubrimientos y fuerza. Deja atrás todos los «no puedo». Pon delante de ti los «Dios sí puede». Prepárate para cruzar el Jordán.

3

---

# PRESTA ATENCIÓN A LA VOZ QUE ESCUCHAS

*Josué 1.7–18*

Mi perro se escapó la semana pasada. (Amantes de los perros en el mundo, ¡únanse a mí en un gemido colectivo!)

Un vecino me había hablado sobre un lugar excelente para que los perros corretearan y jugaran. Le conté a Andy, mi perro, sobre el lugar.

—Andy —le dije—, sé de un sitio donde se hacen realidad los sueños de los perros. Es una extensa pradera con un arroyo. No hay carros. Ni cercas. Solo cosas para oler, árboles donde puedes orinar y huecos para explorar.

—Oh, amo Max, eso suena a un día de increíbles *guau-guau*. Es como una versión de los Días de Gloria para perros —ladró con entusiasmo.

—Sin duda que lo es. Una Tierra Prometida canina. Pero tengo que advertirte algo. Tienes que mantenerte cerca de mí. Vamos a estar a varias millas de nuestra casa. Los ciervos te persuadirán. Los conejos te tentarán. Y quizás hasta nos topemos con una perrita seductora en el camino. Tienes que mantenerte alerta. Presta atención a mi voz. No te apartes de mí —le advertí.

—Así lo haré —chilló.

¿Pero lo hizo? No. Tan pronto lo dejé salir del carro y solté su collar, corrió. Se escabulló entre la arboleda y subió por una colina de seis metros de alto.

—¡Andy! —le grité. Se detuvo y me miró.

El pobre tenía un dilema moral. Por un lado escuchaba las voces tentadoras de la pradera. La vida salvaje invitándolo: «Vamos, Andy. Vamos a divertirnos». Por el otro lado, escuchaba la voz de su sabio, experimentado y atractivo amo.

—Ven aquí, Andy.

Miró para acá. Miró para allá. Y, entonces, en un abrir y cerrar de ojos, desapareció.

Mi primer pensamiento fue *Denalyn me va a matar.*

Salí corriendo detrás de él, pero Andy corrió más rápido. «Mi próximo perro va a ser un sabueso», decidí. Me estaba quedando ronco de tanto gritar y mis piernas se debilitaron por el ascenso. Me tomó cuarenta y cinco minutos encontrarlo. Y finalmente, allí estaba. Acostado debajo de un árbol. Extenuado, sediento y, sin duda, arrepentido.

—¡Dale! —me ofreció—. Úsame en tu libro. Entré en la Tierra Prometida, pero fallé en escuchar a mi amo.

No tenía intención de usar a mi perro pródigo como ilustración, pero ya que se ofreció, la historia se ajusta perfectamente al momento. A Dios le preocupaba que Josué y su pueblo se olvidaran de las instrucciones de su Amo. Canaán estaba repleto de voces nuevas, extrañas y atrayentes. De ahí, una advertencia pre-Tierra Prometida:

Solamente esfuérzate y sé muy valiente, para cuidar de hacer conforme a toda la ley que mi siervo Moisés te mandó; no te apartes de ella ni a diestra ni a siniestra, para que seas prosperado en todas las cosas que emprendas. Nunca se apartará de tu boca este libro de la ley, sino que de día y de noche meditarás en él, para que guardes y hagas conforme a todo lo que en él está escrito; porque entonces harás prosperar tu camino, y todo te saldrá bien. (Jos 1.7–8)

Dios estaba llamando a Josué a guiar a dos millones de exesclavos a Canaán a tomar posesión de su herencia. Estaba preparándolo para la misión de su vida. ¿Y cuál fue la orden que le dio? Lee la Palabra de Dios.

Igual que tú y yo, Josué tenía una Biblia. Su Biblia tenía cinco libros: Génesis, Éxodo, Levítico, Números y por lo menos, porciones de Deuteronomio que los llevaban junto con el arca del pacto. Sin embargo, poseer las Escrituras no era suficiente para Josué; Dios quería que las Escrituras poseyeran a Josué. «Nunca se apartará de tu boca este libro de la ley» (v. 8).

Este fue el comando de Dios para el comandante de Israel. Aunque Josué era el general de cinco estrellas indiscutido del ejército, estaba sujeto a la ley divina. Dios no le dijo que creara leyes ni inventara estatutos, sino que cumpliera lo que estaba «escrito».

Dios no le ordenó a Josué que buscara una experiencia espiritual, ni una revelación personal, ni una emoción que le pusiera la piel de gallina. La palabra de Dios para él es su palabra para nosotros: abre la Biblia.

La Biblia es la herramienta más importante en nuestro crecimiento espiritual. Podemos decir esto con certeza gracias al buen trabajo de Greg Hawkins y Cally Parkinson. En la investigación que hicieron para su libro *Move*, se propusieron identificar los factores clave para el crecimiento espiritual. Ellos hicieron la misma pregunta que nosotros: ¿cómo nos mudamos del desierto a Canaán? ¿De una fe débil a una fe viviente?

El estudio lo hizo una firma independiente de investigación de mercado. Esa compañía secular no tenía otro objeto aparte de ganarse sus honorarios presentando un análisis preciso. Encuestaron personas en mil iglesias. Y lo que descubrieron hizo que a lo menos mil pastores arquearan las cejas.

Nada tiene un mayor impacto en el crecimiento espiritual que la reflexión en las Escrituras. Si las iglesias pudieran hacer solamente una cosa para ayudar a las personas en todos los niveles de madurez espiritual en su relación con Cristo, su opción sería clara. Deberían inspirar, alentar y equipar a su gente para leer la Biblia.[1]

La clave para el crecimiento espiritual no es aumentar la asistencia a la iglesia o la participación en actividades espirituales. Las personas no crecen en Cristo porque están ocupados en la iglesia. Crecen en Cristo porque leer y confían en su Biblia.

¿Deseas más Días de Gloria? Relaciónate con la Biblia. Medita en ella de día y de noche. Piensa y repiensa en la Palabra de Dios. Permite que sea tu guía. Conviértela en tu primera fuente de respuestas. Deja que sea la autoridad máxima en tu vida.

No traces tu mapa según las opiniones de la gente ni las sugerencias de la cultura. Si lo haces, cometerás el mismo error del hijo del campesino a quien su padre envió a preparar el terreno para la siembra. Le recordó que las líneas que arara tenían que ser derechas. «Selecciona un objeto al otro lado del campo» le dijo, «y anda rompiendo el suelo directo hasta él».

Más tarde, cuando el padre fue a supervisar el progreso del hijo, no encontró ni un solo surco derecho. Todas las hileras estaban desniveladas y disparejas.

«Creo haberte dicho que seleccionaras un objeto y araras en dirección a él», le dijo el padre.

«Y lo hice», respondió el muchacho. «Pero el conejo no dejó de brincar de uno a otro lado». Una línea recta, igual que una vida buena, requiere de un blanco fijo. Enfoca tu mirada en los inmutables principios de Dios. Deja que la Palabra de Dios sea la palabra de autoridad en tu mundo.

Esta decisión roza la piel de nuestra cultura. Preferimos la autoridad de un cubículo de votación, un encuestador o lo que nos haga sentir bien.

Y ese tipo de resistencia no es una novedad de nuestros días. Cuando Pablo le escribió una carta a Timoteo, el apóstol estaba ayudando al joven pastor a lidiar con el furor del egoísmo en la cultura. Pablo enumeró diecinueve características de la gente (2 Ti 3.1–5) y todas eran fruto de la impiedad. ¿Cómo tratas con tal situación? Regresa a la Biblia.

> Pero tú, permanece firme en lo que has aprendido y de lo cual estás convencido, pues sabes de quiénes lo aprendiste. Desde tu niñez conoces las Sagradas Escrituras, que pueden darte la sabiduría necesaria para la salvación mediante la fe en Cristo Jesús. Toda la Escritura es inspirada por Dios y útil para enseñar, para reprender, para corregir y para instruir en la justicia. (2 Ti 3.14–16 NVI)

Según Pablo, la Biblia existe para darnos «la sabiduría necesaria para la salvación mediante la fe en Cristo Jesús» (v. 15). Estamos perdidos y necesitamos ser salvos. Jesús es nuestro amante Salvador y debemos aceptarlo. Este es el mensaje principal de las Escrituras.

Sin embargo, nos preguntamos: ¿es la Biblia realmente inspirada? ¿Podemos creer la afirmación de Pablo de que «toda la Escritura es inspirada por Dios»? He aquí por qué pienso que sí podemos.

*Es extraordinaria en composición.* Redactada en el transcurso de dieciséis siglos por cuarenta autores. Escrita por soldados, pastores, campesinos y pescadores. Comenzada por Moisés en Arabia y terminada por Juan en Patmos. Escrita por reyes en palacios, pastores en tiendas y prisioneros en cárceles.

¿Crees que es posible que cuarenta escritores, prácticamente desconocidos entre sí, que escribían en tres idiomas distintos y en varios países diferentes, separados en tiempo hasta por mil seiscientos años, pudieran producir un libro con un tema único a menos que detrás de ellos hubiera una mente y un diseñador?

*Es extraordinaria en durabilidad.* Es el libro más publicado en la historia. Traducido a por lo menos mil doscientos idiomas por un ejército de traductores.[2] Ha sobrevivido a todos sus adversarios. La Biblia ha sido quemada por gobiernos y prohibida por salas de tribunal, pero la Palabra de Dios permanece. Cientos de veces se la ha sentenciado a muerte, pero la Palabra de Dios sigue adelante.

*Es extraordinaria en profecía.* Sus páginas contienen más de trescientas profecías cumplidas sobre la vida de Cristo[3] y, sin embargo, todas fueron escritas por lo menos cuatrocientos años antes de que él naciera. ¿Cuáles son las probabilidades? Imagina que hoy día ocurriera algo similar. Si encontráramos un libro escrito en el 1900 que profetizara dos guerras mundiales, una depresión, una bomba atómica y los asesinatos de un presidente y de un líder de los derechos civiles, ¿acaso no confiaríamos en él?

También queremos saber si la Biblia marca alguna diferencia. ¿Funciona? ¿Nos cambian las enseñanzas de la Biblia? Solo hay una manera de descubrirlo. Pulsa la tecla Guardar.

Todos conocemos la tecla Guardar. Yo la conozco y soy un estudiante de computadoras flojísimo. ¡Qué gran satisfacción sentimos cuando, después de crear un documento, estiramos el dedo y pulsamos la tecla Guardar!

Ese clic cambia el panorama del disco duro. Las palabras en la pantalla descienden hasta la médula de la máquina. Mientras las palabras están solo en la pantalla, son vulnerables y están expuestas al irritable cursor, esta pequeña marca movible que nos mueve a maldecir cuando se engulle nuestro arduo trabajo. Pero una vez guardado está a salvo.

¿Estás pulsando la tecla Guardar en la Biblia? Guardamos la verdad cuando deliberada y conscientemente permitimos que lo que hemos escuchado se convierta en parte de nuestro ser. Jesús dijo: «Y conoceréis la verdad, y la verdad os hará libres» (Jn 8.32). Según conocemos (guardamos) la verdad, la verdad nos hace libres de la culpa, del miedo y del enojo. La verdad guardada tiene un impacto que da forma y reconfigura el corazón. Solo cuando permites que la verdad de las Escrituras sea la autoridad en tu vida puedes saber si funciona o no.

He descubierto que esto es particularmente cierto en las relaciones humanas. Tal vez te cueste creerlo, pero no a todo el mundo le cae bien el predicador. Hay momentos en los que piso en falso o me equivoco al hablar, y hago que un feligrés se moleste. Al principio de mi ministerio, cuando detectaba un aire de infelicidad en alguien, ignoraba el problema. «Si no viene y me dice qué es lo que pasa, entonces no tengo que intervenir en el asunto», me decía.

Pero entonces leí las palabras de Jesús: «Por tanto, si traes tu ofrenda al altar, y allí te acuerdas de que tu hermano tiene algo contra ti, deja allí tu ofrenda delante del altar, y anda, reconcíliate primero con tu hermano, y entonces ven y presenta tu ofrenda» (Mt 5.23–24). Jesús le ordena al ofensor, aunque haya sido involuntario, que tome la iniciativa. Encuentro este pasaje bastante molesto.

Aun así, he intentado aplicarlo con mis amistades frágiles.

«Roberto, ¿dije algo que te molestó?».

«María, parece haber algo de tensión entre nosotros. ¿Está todo bien?».

Sin excepción, el paso ha resultado en restauración. Nunca, en mis cuatro décadas de ministerio, esta enseñanza práctica ha fallado en alcanzar su meta. Cuando las Escrituras se mezclan con obediencia, el resultado es un elixir sanador.

La Palabra de Dios funciona, pero tenemos que pulsar la tecla Guardar.

Los discípulos de Jesús necesitaban este recordatorio. En una ocasión él les dijo: «Pasemos al otro lado» (Mr 4.35 NVI). Y lo hicieron. Sin embargo, cuando iban cruzando el mar de Galilea, se toparon con una tempestad. «Se desató entonces una fuerte tormenta, y las olas azotaban la barca, tanto que ya comenzaba a inundarse» (v. 37 NVI). El cielo se abrió, las cubetas de agua cayeron y las olas amenazaban con volcar la nave. Los discípulos fueron donde Jesús y lo encontraron ¡profundamente dormido! Y le gritaron: «¿no te importa que nos ahoguemos?» (v. 38 NVI). Jesús se despertó, se incorporó, le ordenó a la tormenta que se callara y luego les dijo a los discípulos: «¿Todavía no tienen fe?» (v. 40 NVI).

¡Qué reprimenda fenomenal! El mar rugía; el agua se arremolinaba. ¿Por qué Jesús les reprendió? Sencillo. Porque no creyeron lo que les había dicho. Él dijo que iban a cruzar al otro lado. Él no dijo: «Vamos a llegar al medio del lago y nos vamos a ahogar». Jesús había declarado el resultado. Sin embargo, cuando llegó la tormenta, los discípulos escucharon el rugir de los vientos y se olvidaron de su palabra.

Las tormentas se están avecinando. Los vientos rugirán, tu barca será sacudida y tendrás que tomar una decisión. ¿Escucharás a Cristo o a la crisis? ¿Prestarás atención a las promesas de las Escrituras o al ruido de la tormenta?

Los Días de Gloria requieren una confianza continua en la Palabra de Dios. La gente del desierto confía en las Escrituras justo lo suficiente para escapar de Egipto. Sin embargo, para los habitantes de Canaán la Biblia es el libro al que acuden por toda la vida.

Como le dijo Dios a Josué: «de día y de noche meditarás en él» (Jos 1.8). Literalmente, «debes... murmurar los escritos de la tora».[4] El cuadro es el de una persona recitando, practicando y reconsiderando la Palabra de Dios una y otra vez. En Canaán las voces del enemigo suenan alto. Los megáfonos del diablo gritan duda y muerte en tus oídos. Presta atención a la voz que escuchas.

---

«Que habite en ustedes la palabra de Cristo con toda su riqueza: instrúyanse y aconséjense unos a otros con toda sabiduría» (Col 3.16 NVI). Mastícala. Trágatela. Háblala.

Comienza con una oración. *Dios, te ruego que hables a mi corazón hoy mientras la leo.* Entonces, con un corazón abierto, lee hasta que el mensaje te toque. Lo hice esta mañana. Estaba leyendo en el libro de Efesios. El pasaje de hoy era una palabra a los esposos para sustentar y cuidar a sus esposas (5.28–29). Dibujé un círculo en esas dos palabras y oré: *Señor, ¿cómo puedo sustentar y cuidar a Denalyn?* El pasaje se mantuvo en mi mente todo el día. Y hasta le pregunté en el almuerzo: «Cariño, ¿cómo puedo sustentarte?». Y ella me miró como si estuviera hablándole en ruso. Sin embargo, continué meditando en ello.

Grandes recompensas vienen a aquellos que lo hacen. Dios le prometió a Josué: «Así prosperarás y tendrás éxito» (Jos 1.8 NVI). Este es el único lugar en el Antiguo Testamento donde aparecen juntas las palabras *prosperar* y *tener éxito*. Esta es una promesa enfatizada. Alíneate con la Palabra de Dios y espera prosperidad y éxito.

No te acobardes. Josué 1.8 no es una garantía de jubilación temprana. En Estados Unidos con frecuencia asociamos prosperidad y éxito con dinero. La Biblia no tiene una perspectiva tan estrecha. Su promesa de prosperidad *ocasionalmente* incluye dinero, pero con mucha más frecuencia se refiere a riqueza de espíritu, mente y cuerpo. Dios prospera al líder con nuevas destrezas, al obrero con buenas horas de sueño, a la maestra con más paciencia, a la madre con amor más profundo, al anciano con más esperanza. El dominio de las Escrituras lleva a la prosperidad espiritual.

> Bienaventurado el varón
> que no anduvo en consejo de malos,
> Ni estuvo en camino de pecadores,

Ni en silla de escarnecedores se ha sentado;

Sino que en la ley de Jehová está su delicia,

Y en su ley medita de día y de noche.

Será como árbol plantado junto a corrientes de aguas,

Que da su fruto en su tiempo,

Y su hoja no cae;

Y todo lo que hace, prosperará. (Sal 1.1–3)

La orden de Dios fue suficiente para Josué. Y respondió con obediencia directa. Les dijo a sus hombres: «Vayan por el campamento y díganle al pueblo que preparen sus provisiones. En tres días, cruzarán el río Jordán y tomarán posesión de la tierra que el Señor su Dios les da» (Jos 1.11).

Sin dudar. Sin pensarlo dos veces. A diferencia de Sara, que dijo: «Soy muy vieja» (ver Gn 18.12). A diferencia de Moisés, que dijo: «No soy un buen orador» (ver Éx 4.10). A diferencia de los discípulos, que dijeron: «No tenemos suficiente comida para alimentar al hambriento» (ver Mt 14.17). Otros se resistieron al llamado de Dios, pero Josué no lo hizo. Dios lo dijo. Él lo creyó.

Haz lo mismo. Aprende una lección de Josué.

Y aprende una lección de mi perro, Andy. Como sabía que iba a escribir este capítulo, me habló hoy.

—Amo Max...

(Me encanta cuando me llama usando ese título).

—Sí, Andy.

—¿Puedes decirles algo a tus lectores de parte mía?

—Seguro que sí.

—Diles que aprendí mi lección. Siempre que me alejo demasiado de la voz de mi amo, mi vida no tiene nada de guau, guau, guau.

4
___

# ESTÁ BIEN SI NO ESTÁS BIEN

*Josué 2*

En Cateura, en las afueras de Asunción, Paraguay, algunos mucha-chos están haciendo música con los desperdicios que encuentran en la basura. Convierten bañeras en timbales y tubos de desagüe en trompetas. Otras orquestas afinan sus cellos de madera de arce o sus tubas de bronce bruñido. No esta orquesta de Cateura. Ellos interpre-tan sonatas de Beethoven con cubetas plásticas.

En el sector de Asunción donde ellos viven, la basura es el único cultivo que la gente puede hacer. Los recogedores de basura separan y venden desperdicios por algunos centavos y muchos de ellos han corrido la misma suerte que la basura: los han tirado y descartado.

Pero ahora, gracias a dos hombres, están haciendo música.

Favio Chávez es un técnico del medio ambiente que imaginó una escuela de música como un merecido respiro para aquellos muchachos. Don Cola Gómez es carpintero y se dedica a recoger basura. Nunca había visto, escuchado ni tomado en sus manos un violín; sin embargo, cuando alguien le describió el instrumento, este artesano sin instrucción se llevó una lata de pintura y una bandeja de horno a su taller e hizo un violín. Su siguiente instrumento fue un violoncello. Confeccionó la base con un barril de aceite e hizo las clavijas de afinación con un cepillo, el taco de un zapato y una cuchara de madera.

Gracias a este «Stradivarius», la basura ha tenido una segunda oportunidad, y también los muchachos que viven rodeados de ella. Desde el día que su historia se hizo pública, han recibido lecciones de compositores expertos, han aparecido en programas de televisión nacionales y han recorrido el mundo. Se llaman el Vertedero Armónica y también la Orquesta Reciclada de Cateura.[1]

Nosotros podríamos llamarles un cuadro de la gracia de Dios.

Dios hace música con la chusma. La orquesta del cielo se compone de los músicos más improbables. Pedro, primera trompeta, negó el nombre de Cristo, quien lo salvó. Pablo toca el violín. Pero hubo una época en la que mataba cristianos. ¿Y el tipo en el arpa? Ese es David. El rey David. David mujeriego. David maquinador. David sanguinario. David arrepentido.

Presta atención especial a la mujer que toca el clarinete. Su nombre es Rahab. Su historia ocupa el segundo capítulo de Josué. «Josué hijo de Nun envió desde Sitim dos espías secretamente, diciéndoles: Andad, reconoced la tierra, y a Jericó. Y ellos fueron, y entraron en casa de una ramera que se llamaba Rahab, y posaron allí» (v. 1).

Había llegado el momento para que el pueblo hebreo entrara a la Tierra Prometida. Jericó, una ciudad imponente justo al norte del Mar Muerto, era su primer reto. Sus habitantes eran los cananeos. Decir que este pueblo era bárbaro es como decir que en el Polo Norte hace frío. Los cananeos convirtieron en orgías la adoración en el templo. Enterraban a los bebés vivos. No tenían ningún respeto por la vida humana ni por Dios.

Fue a esta ciudad donde entraron sigilosamente los dos espías de Josué.

Fue en esta ciudad donde los espías se encontraron con Rahab, la ramera.

Se puede decir mucho de Rahab sin mencionar su profesión. Era cananea. Ofreció hospedaje a los espías de Josué. Llegó a creer en el Dios de Abraham antes de conocer a los hijos de Abraham. Sobrevivió la destrucción de su ciudad. Fue injertada en la cultura hebrea. Se casó con un contemporáneo de Josué, tuvo un hijo llamado Booz, tuvo un bisnieto llamado Isaí, un tataranieto llamado David, y un descendiente llamado Jesús. Sí, el nombre de Rahab aparece en el árbol genealógico del Hijo de Dios.

Su résumé no necesita que hable de su profesión. Sin embargo, en cinco de las ocho ocasiones que se menciona su nombre en la Biblia, se la presenta como una «ramera».[2] ¡Cinco! ¿Una no era suficiente? ¿Y esa referencia no podría ser matizada con un eufemismo como «Rahab, la mejor *anfitriona* en Jericó» o «Rahab, quien hacía sentir bienvenido a todo el mundo»? Ya es bastante malo que el nombre Rahab suene a «*rehabilitación*». Disfraza su profesión. Disimúlala. Enmascárala. Ponle un poco de corrector a esta imperfección bíblica. Y no menciones el burdel, por favor.

Pero la Biblia no hace nada de esto. Justo lo contrario. Apunta a ella con un anuncio de neón. Y hasta añade su nombre al Salón de la Fama del libro de Hebreos. La lista incluye a: Abel, Noé, Abraham, Isaac, Jacob, José, Moisés... y luego, de pronto, «Rahab la ramera» (11.31). Sin asterisco, sin nota a pie de página, sin disculpas. Su historia de prostitución es parte de su testimonio.

Su historia comienza así: «Y fue dado aviso al rey de Jericó, diciendo: He aquí que hombres de los hijos de Israel han venido aquí esta noche para espiar la tierra» (Jos 2.2). El rey podía ver a la multitud de hebreos acampando en los límites orientales del Jordán. Y como luego diría Rahab, la gente en Jericó estaba asustada. Los rumores eran que Dios estaba con los recién llegados y que muchas desgracias vendrían sobre los que se interpusieran en su camino. Cuando el rey escuchó que los espías se estaban escondiendo en casa de Rahab, envió soldados a buscarlos.

Veo a una docena de hombres escurriéndose por un estrecho camino de adoquines en la zona roja. Es tarde en la noche. Las tabernas alumbradas con antorchas están abiertas y los parroquianos están algo borrachos. Les gritan obscenidades a los hombres del rey, pero los soldados no responden. Siguen su camino hasta detenerse frente a la puerta de madera de un edificio de piedra, contiguo a los famosos muros de Jericó. La linterna estaba apagada, lo que provoca que los soldados se pregunten si habría alguien en casa. El capitán toca a la puerta. Oyen ruidos adentro. Rahab responde. Tiene varias capas de maquillaje y mucha sombra de ojos. Su bata escotada revela el fleco de un secreto de encaje que Victoria no pudo ocultar. Su voz es ronca gracias a todos los cigarrillos que se ha fumado. Se coloca una mano en la cadera, mientras sostiene un martini seco en la otra.

—Lo siento, muchachos, pero estamos completamente llenos.

—No estamos aquí para eso —responde bruscamente el capitán—. Estamos aquí por los hebreos.

—¿Hebreos? —dice ella moviendo la cabeza—. Pensé que estaban aquí para divertirse.

Le guiña un ojo, con demasiada mascara, a un soldado joven. Él se sonroja, pero el capitán se mantiene enfocado.

—Estamos buscando a los espías. ¿Dónde están?

Rahab da un paso hacia fuera, mira a la derecha y a la izquierda, y luego baja la voz, y les dice en un susurro: «Se acaban de ir. Se escabulleron antes de que cerraran las puertas. Si se apuran, seguro los alcanzan». Los soldados del rey se dan media vuelta y salen corriendo. Mientras ellos dan vuelta a la esquina y desaparecen, Rahab se apresura y sube las escaleras del burdel y llega al techo, donde se están escondiendo los dos espías. Les dice que no hay moros en la costa. «Toda la ciudad está hablando de ustedes y de sus ejércitos. Todo el mundo está aterrorizado. El rey no puede dormir y la gente no puede tragar ni un bocado. Están tomando Xanax como si fueran golosinas. La última onza de valentía que les quedaba se marchó en el tren de esta mañana». (Estoy usando la VPL: Versión Parafraseada Lucado).

Sus palabras deben de haber dejado pasmados a los espías. Ellos nunca hubieran esperado encontrar cobardes en Jericó. Y mucho menos encontrar fe en un burdel. Pero así fue. Lee lo que les dijo la dama de reputación dudosa de Jericó:

> Sé que Jehová os ha dado esta tierra [...] hemos oído que Jehová hizo secar las aguas del Mar Rojo [...] y lo que habéis hecho a los dos reyes [...] que estaban al otro lado del Jordán [...] Jehová vuestro Dios es Dios arriba en los cielos y abajo en la tierra. (vv. 9–11)

¡Quién lo diría! Rahab encontrando a Dios. O, mejor dicho, Dios encontrando a Rahab. Él descubrió un corazón tierno en esta ciudad endurecida, y extendió su mano para salvarla. Pudo haber salvado a la ciudad completa, pero nadie lo pidió. Y, además, Rahab tenía una ventaja sobre los demás: no tenía nada que perder. Estaba en el peldaño más bajo. Ya había perdido su reputación, su posición social, su oportunidad de progreso. Estaba en el fondo del pozo.

Tal vez es ahí donde también te encuentras tú.

Puede que vendas tu cuerpo o tal vez no sea así, pero has vendido tu lealtad, tu afecto, tu atención y tus talentos. Te has vendido. Todos lo hemos hecho. Nos hemos preguntado, todos nos hemos preguntado: *¿Días de Gloria? Tal vez para él o para ella. No para mí. Yo estoy muy... manchado, sucio, contagiado. He pecado demasiado, he fracasado demasiado, me he tropezado* *con demasiada frecuencia. Estoy en el basurero de la sociedad. Para mí no hay Días de Gloria.*

¿La respuesta de Dios para tus dudas, resumida en una palabra? ¡Rahab!

Para que no pensemos que la Tierra Prometida de Dios es prometida solo para unos pocos, él coloca esta historia al principio del libro. ¡El narrador le concede todo un capítulo! Recibe más pulgadas de tipografía que los sacerdotes, los espías o el asistente de Josué. Si la cantidad y la cronología quieren decir algo en la teología, entonces la posición titular de Rahab anuncia esto: Dios tiene un lugar para las Rahab de este mundo.

Como evidencia, piensa en la homóloga de Rahab en el Nuevo Testamento: la mujer samaritana. Para cuando Jesús se encontró con ella, ya iba en lo que sería una caída en picada tipo siglo veintiuno. Cinco exesposos y media docena de hijos, y todos se parecían a un papá diferente. Décadas de vida libertina la habían dejado tatuada y censurada, y viviendo con un novio que pensaba que una boda era una pérdida de tiempo.

Los chismosos meneaban sus lenguas gracias a ella. ¿De qué otra forma explicarías su presencia a mitad del día en el pozo? Otras mujeres llenaban sus cántaros al amanecer, pero esta mujer optó por el mediodía; prefiriendo, supongo, el calor del sol al ardor de su desprecio.

De no haber sido por la aparición de un Extranjero, su historia se habría perdido en las arenas samaritanas. Sin embargo, él llegó a su vida con una promesa de agua eterna y sed saciada. A él no le intimidó el pasado de ella. Justo lo contrario. Le ofreció hacer música con su basura. Ella aceptó su oferta. Y lo sabemos gracias a lo que ocurrió después.

Muchos samaritanos de esa aldea creyeron en Jesús, porque la mujer había dicho: «¡Él me dijo todo lo que hice en mi vida!» Cuando salieron a verlo, le rogaron que se quedara en la aldea. Así que Jesús se quedó dos días, tiempo suficiente para que muchos más escucharan su mensaje y creyeran. Luego le dijeron a la mujer: «Ahora creemos, no solo por lo que tú nos dijiste, sino porque lo hemos oído en persona. Ahora sabemos que él es realmente el Salvador del mundo». (Juan 4.39–42 NTV)

La mujer marginada se convirtió en la mujer con el mensaje. Nadie más le ofreció una oportunidad. Jesús le dio la oportunidad de su vida. Él vino para gente como ella.

Para gente como las mujeres en Grace House [La casa de gracia]. Grace House es un hogar de transición para mujeres en el proceso de salir de prisión. Viven bajo el mismo techo, se sientan a la misma mesa y buscan al mismo Señor. Estudian la Biblia. Aprenden un oficio. Y sobre todo, aprenden a confiar en su nueva identidad.

Recientemente asistí a un evento para recaudar fondos para este ministerio. Una de las residentes dio su testimonio durante la cena. Describió una vida de prostitución, drogas y alcohol. Perdió su matrimonio, a sus hijos, y al final, su libertad. Pero entonces, Cristo la encontró. Lo que más me impresionó fue la cadencia repetida de su historia: «Yo estaba... pero ahora». «Yo estaba en drogas, pero ahora estoy sobria». «Yo estaba en las calles, pero ahora estoy de pie».

*Yo estaba... pero ahora.* Este es el coro de gracia. Y esta es la obra de Dios. ¡Y qué clase de obra hizo él en la vida de Rahab!

Resultó que los espías hebreos eran realmente misioneros. Ellos pensaban que estaban en una visita de exploración. No era así. Dios no necesitaba un informe de reconocimiento. Su plan era derrumbar los muros de la ciudad como si fueran dominó. Él no envió a los hombres a recoger información. Él envió a los espías para alcanzar a Rahab. Le pidieron que atara un «cordón de grana a la ventana» para poder identificar su casa (Jos 2.18). Y sin dudarlo, ella ató el cordón rojo a la ventana.

Los espías escaparon y Rahab hizo preparativos. Le dijo a su familia que se preparara. Ella se mantuvo atenta al ejército que se avecinaba. Verificó (¡puedes estar seguro que verificó!) que el cordón estuviera bien atado y colgando de su ventana.

Cuando vinieron los hebreos y los muros cayeron, cuando el resto de la ciudad pereció, Rahab y su familia sobrevivieron. «Por la fe Rahab la ramera no pereció» (Heb 11.31). Su profesión de fe importó más que su profesión de ramera.

Tal vez tu pasado sea turbulento.

Quizás tus compañeros no comparten tu fe.

Es posible que tu linaje esté marcado por la violencia y tu historia familiar por la rebelión.

Si es así, entonces Rahab es tu modelo.

No atamos cordones rojos en nuestras ventanas. Pero confiamos en el hilo de sangre carmesí de Cristo. No nos preparamos para la llegada de los hebreos, pero vivimos esperando la segunda venida de nuestro Josué: Jesucristo.

A fin de cuentas, todos veremos lo mismo que está descubriendo la gente en Asunción. Nuestro desastre se convertirá en música y Dios tendrá un cielo repleto de Rahab rescatadas en su orquesta sinfónica. Yo voy a tocar la tuba. ¿Y tú? ¿Qué instrumento tocarás? Algo sí es seguro: tocaremos «Sublime gracia» de memoria.

# 5

---

# DESEMPACA

*Josué 3*

Jimmy Wayne nunca conoció a su padre. Su mamá pasó más tiempo en prisión que en libertad. Cuando él tenía doce años, ella salió de la cárcel y se enredó con un buscapleitos. Montaron a Jimmy en el asiento trasero de un Oldsmobile Delta 88 y por un año, el carro fue su casa. «Tenía asientos alargados y apestaba a sudor», recuerda Jimmy. Manejaban de ciudad en ciudad, para evitar que la policía los alcanzara.

Luego de recorrer muchas millas sin ningún rumbo fijo, dejaron a Jimmy en el estacionamiento de una terminal de autobuses en Pensacola, Florida, y se fueron. Tenía trece años. No tenía hogar. Ni provisión. Ni futuro. Un día, mientras recorría un vecindario, vio a un hombre trabajando en un taller de madera en su garaje. Se acercó al anciano y le preguntó si tenía algún trabajo. El carpintero examinó su aspecto, se dio cuenta que no tenía hogar y decidió darle una oportunidad. El hombre se presentó como Russell. Y llamó a su esposa, Bea. Le mostraron la cortadora de césped y le dijeron cómo usarla.

Por varias semanas Jimmy cortó el césped de la pareja y sobrevivió con los veinte dólares que le pagaban cada semana. Luego de algún tiempo, Bea le preguntó a Jimmy dónde vivía. Al principio, les mintió, por miedo a que no le permitieran trabajar por no tener hogar. Sin embargo, al final les dijo la verdad. Y cuando lo hizo, la pareja le ofreció que viviera con ellos.

Le dieron su propio cuarto, un baño y un lugar en la mesa. Para Jimmy, la casa parecía el cielo. Se podía dar un baño caliente y comer comidas calientes. Hasta se sentaba por las noches con la familia en la sala para ver televisión. Aun así, a pesar de la bondad de la pareja, se negaba a desempacar. Lo habían rechazado tantas veces que había aprendido a ser cauteloso. Durante cuatro días, su maleta permaneció en el suelo, llena de ropa, lista para salir corriendo cuando Bea y Russell cambiaran de idea.

Él estaba en la casa, pero no *en* la casa. Estaba bajo el techo, pero no bajo la promesa. Estaba con la familia, pero no se sentía un miembro de la familia.

Finalmente, Russell lo convenció para que desempacara y se mudara con ellos. Fueron necesarios varios días, por lo menos una docena de comidas y más de una conversación íntima y franca. Pero Russell persuadió a Jimmy para que confiara en que ellos cuidarían de él.[1]

Nuestro Padre sigue tratando de convencernos.

Quizás dudes de tu lugar en la familia de Dios. Temes a su rechazo inminente. Luchas con preguntas enredadas en dudas: ¿formo parte realmente de la familia de Dios? ¿Y qué si Dios cambia de parecer? ¿Si revoca su aceptación? El Señor tendría razones para hacerlo. Avanzamos y luego retrocedemos. Renovamos nuestra determinación y tropezamos una vez más. Nos preguntamos: *¿Me echará Dios a la calle?*

Los amigos sentimentales lo hacen. Los patronos lo hacen. Los entrenadores sacan jugadores del equipo. Los maestros expulsan estudiantes de la escuela. Madres tienen hijos y luego los abandonan en una terminal de autobús. ¿Cómo sabemos que Dios no hará lo mismo? ¿Y qué si cambia de parecer sobre nosotros? Después de todo, él es santo y puro, y nosotros somos todo lo contrario. ¿No será demasiado riesgoso desempacar? Dios respondió a esta pregunta en la cruz. Cuando Jesús murió, el voto celestial fue emitido en nuestro favor por toda la eternidad. Él declaró para que todos escucharan: «Este es mi hijo. Mi pacto nunca cambiará».

La gente de la Tierra Prometida lo cree. Confían más en que Dios les sostendrá que en ellos sosteniéndose de Dios. Ponen su confianza en la obra de Cristo terminada. Creen profundamente que Dios los ha «librado de la potestad de las tinieblas, y trasladado al reino de su amado Hijo» (Col 1.13). Saben que Jesús hablaba en serio cuando dijo: «[Mis hijos] nunca perecerán, ni nadie podrá [arrebatármelos] de la mano» (Jn 10.28 NVI).

Señalan al Calvario como evidencia del compromiso de Dios con ellos.

Los seguidores de Josué hicieron algo parecido. No miraron a un monte, sino a un río. No al Calvario sino al Jordán. El cruce milagroso los convenció que Dios estaba en medio de ellos. Como su líder había prometido: «En esto [en el cruce] conoceréis que el Dios viviente está en medio de vosotros» (v. 10).

La mayoría de los meses del año, el Jordán medía entre treinta y cuarenta metros de ancho, y tal vez casi dos metros de profundidad.[2] Pero Josué recibió sus órdenes durante el tiempo de la siega (3.15). Durante esta estación, debido a la nieve derretida del monte Hermón, el Jordán crecía hasta alcanzar más de un kilómetro y medio de ancho. Cruzarlo en crecida no era tarea fácil.

¡Especialmente con millones de personas! «Pasa este Jordán, tú y todo este pueblo» (Jos 1.2). Dios quería a todo hombre, toda mujer, todo niño e infante al otro lado del río. No solo al vigoroso y saludable, sino al débil y viejo, al enfermo y al discapacitado. Nadie sería dejado atrás. Posiblemente Josué tragó saliva ante esta orden. ¿Dos millones de personas cruzando un río de un kilómetro y medio de ancho?

No obstante, entró en acción. «Josué se levantó de mañana, y él y todos los hijos de Israel partieron de Sitim y vinieron hasta el Jordán, y reposaron allí antes de pasarlo» (Jos 3.1).

El pueblo armó sus tiendas a la orilla este del río. Esperaron durante tres días, viendo las aguas cobrizas y las olas revueltas arrastrar escombros y troncos de árboles. Durante tres noches durmieron, o trataron de dormir, escuchando el torrente de agua interminable en la oscuridad.

Tres días. Tiempo suficiente para hacer suficientes preguntas. ¿Cómo vamos a llegar al otro lado? ¿Usaremos una barca? ¿Alguien construirá un puente? ¿Realmente cruzará todo el mundo? ¿Y qué de la gente débil? ¿Y los niños? Y sobre todo, ¿cómo puede una nación de personas cruzar un río crecido, sin puente ni barcas?

Al tercer día llegó la respuesta.

Los oficiales recorrieron el campamento, y mandaron al pueblo, diciendo: Cuando veáis el arca del pacto de Jehová vuestro Dios, y los levitas sacerdotes que la llevan, vosotros saldréis de vuestro lugar y marcharéis en pos de ella. (vv. 2–3)

El arca del pacto era una caja rectangular pequeña, encargada por Dios, que contenía un trío de artefactos hebreos: maná intacto, la vara de Aarón y las preciadas tablas de piedra que habían sentido el dedo impresor de Dios. Una pesada placa de oro, llamada el propiciatorio, servía como tapa del arca. Dos querubines de oro con alas extendidas estaban uno frente al otro y cubrían con su sombra la tapa de oro. La morada de Dios estaba entre los ángeles.

Cuando Dios dijo: «Sigan el arca», estaba diciendo: «Síganme a mí».

Dios dirigió el camino. No los soldados. No Josué. No los ingenieros y sus planes, ni las Fuerzas de Operaciones Especiales y su equipo. Cuando llegó el momento de atravesar las aguas infranqueables, el plan de Dios era sencillo: confíen en mí.

El pueblo lo hizo. Al final de los tres días, comenzó un revuelo en el campamento. Un grupo escogido de sacerdotes, vestidos de blanco, caminó hacia el río. Ellos cargaban el arca con pértigas de madera de acacia que pasaban por anillos en las esquinas y descansaban sobre sus hombros. La gente salió de sus tiendas y observó en absoluto silencio mientras los sacerdotes bajaban lentamente por la ribera escalonada hacia el Jordán. Lo único que se escuchaba era el rugido de las aguas.

Nada indicaba que fuera a detenerse. Cuando estaban a poco más de nueve metros de la orilla, el Jordán todavía era una corriente impetuosa. Seis metros, tres metros, un metro. Rápido y vertiginoso. Aun cuando los sacerdotes estaban a solo un paso del agua, la corriente no disminuyó. Sin duda los hombres hicieron una pausa. ¿Debían continuar? La corriente turbulenta los tumbaría y se llevaría el arca río abajo. Entonces recordaron lo que Josué había dicho: «Cuando hayáis entrado hasta el borde del agua del Jordán, pararéis en el Jordán» (v. 8). La Biblia no encubre su temor: «cuando los que llevaban el arca entraron en el Jordán, y los pies de los sacerdotes que llevaban el arca fueron mojados a la orilla del agua» (v. 15). Los sacerdotes «mojaron» sus pies a la orilla del agua. Ellos no corrieron, no se zambulleron ni se tiraron de cabeza al río. Con mucho cuidado metieron sus dedos gordos en el río. Fue un paso pequeñísimo, pero con Dios el paso de fe más pequeño puede activar el milagro más poderoso. Tan pronto tocaron el agua, la corriente se detuvo como si alguien hubiera cerrado la llave de paso. «Las aguas que venían de arriba se detuvieron como en un montón bien lejos de la ciudad de Adam, que está al lado de Saretán» (v. 16).

Saretán estaba a cuarenta y ocho kilómetros río arriba. ¡Cuarenta y ocho kilómetros! En mi mente siempre había imaginado una muralla de agua formándose a los lados del arca y de los sacerdotes. Pero no fue así. Dios comenzó su obra río arriba. Él quería un camino ancho por el que dos millones de personas pudieran cruzar.

¡Y vaya que lo cruzaron! «Hasta que todo el pueblo hubo acabado de pasar el Jordán; y todo Israel pasó en seco» (v. 17).

«*Todo Israel* pasó en seco». Los hombres. Las mujeres. Ancianos. Jóvenes. Débiles. Fuertes. Creyentes e incrédulos. Los fieles y los murmuradores.

«Todo Israel *pasó en seco*». Como si hubiera sido cemento. No se atascaron las ruedas de los carros. No se mojaron los pies. Según llegaba el pueblo a la orilla oeste, no había lodo en sus sandalias, ni agua en sus túnicas y, sobre todo, no había miedo en sus corazones.

Dios hizo por ellos lo que ellos no podían hacer. Imagínate a los hebreos parados a la orilla oeste del Jordán. Chocando las palmas de sus manos y gritando: «¡Estamos vivos!».

¿Acaso no se desbordaba su confianza? ¿No estaban maravillados y sobrecogidos ante Dios? Si Dios podía transformar un río embravecido en una alfombra roja, entonces... «Mucho ojo, Jericó. ¡Por ahí vamos!». Tal como les había dicho Josué: «En esto [el cruce] conoceréis que el Dios viviente está en medio de vosotros» (Jos 3.10). ¡Los hebreos sabían que no podían perder! La carrera en bicicleta era cuesta abajo y con el viento a su favor. Tenían todo el derecho para celebrar.

Y nosotros también.

Para la gente de Josué, la certeza llegó cuando se pararon sobre tierra seca y vieron el Jordán detrás de ellos.

Para nosotros, la certeza llega cuando nos paramos en la obra consumada de Cristo y volvemos nuestra mirada a la cruz.

¿Un río que no podemos cruzar? Jesús lo cruzó. ¿Una corriente que no podemos enfrentar? Jesús la enfrentó. Por nosotros. ¡Por todos nosotros! El joven, el anciano. El valiente, el tímido. Nuestra liberación es completa.

Al igual que los hebreos, hemos sido dramáticamente liberados.

Sin embargo, ¿estamos profundamente convencidos?

Recuerda. Los hebreos habrían podido entrar a Canaán cuatro décadas antes. La generación anterior experimentó un milagro igual de extraordinario. Ellos cruzaron el Mar Rojo (Éx 14.21–22). Ambos cruces incluyeron dos cuerpos de agua inmensos y pasar por ellos sobre tierra seca. ¿La diferencia entre el primer cruce y el segundo? La generación de Josué prestó atención. El cruce del río Jordán les convenció de que Dios estaba con ellos.

Deja que la cruz te convenza. Confía en la fidelidad de Dios. En uno de los salmos, el escritor describe con estas palabras a una persona de fe: «No tiene miedo de malas noticias; su corazón está firme, confiado en el Señor» (Sal 112.7 DHH). La vida tiene muchas preguntas sin respuestas, pero la capacidad de Dios para salvar no necesita ser una de ellas. Resolvamos este asunto de una vez y por todas.

Mírate. No hay lodo en tus sandalias, ni agua en tu túnica. No hay pecado en tu récord, ni culpa alguna ligada a tu nombre. No permitas que haya duda en tu corazón. Si Dios «no eximió ni a su propio Hijo, sino que lo entregó por todos nosotros», ¿no te dará todo lo que necesitas para una vida en la Tierra Prometida? (Ro 8.32 LBLA).

Únete al coro de los que confían y declara: «Estoy convencido de que nada podrá jamás separarnos del amor de Dios [...] de hecho, nada en toda la creación podrá jamás separarnos del amor de Dios, que está revelado en Cristo Jesús nuestro Señor» (vv. 38–39 NTV).

Descansa en tu redención. El pasado es pasado. El futuro es resplandeciente. La Palabra de Dios es segura. Su obra está terminada.

Eres un compañero de pacto con Dios, un miembro con todas las de la ley en el plan de desarrollo de su Tierra Prometida.

El Jordán está detrás de ti.

Canaán está delante.

Te espera una nueva temporada.

Jimmy Wayne encontró una nueva temporada. Asumió su lugar en la familia. Regresó a la escuela. Encontró una carrera como cantante y compositor de música country.

Sus mejores días comenzaron cuando desempacó. Y los tuyos también.

# 6

# NO TE OLVIDES DE RECORDAR

*Josué 4.1–5.12*

Para ser un libro que trata de conquistas, ciertamente Josué se queda corto en cuanto a detalles militares. ¿Qué tipo de armas usó el ejército de Josué? ¿Cuántos oficiales componían el ejército? ¿Cuántos hombres había en cada batallón? ¿Tenía Josué una unidad de operaciones especiales? Si era así, ¿qué entrenamiento les exigía? ¿Las respuestas para estas y otras preguntas?

No las sabemos.

No las sabemos porque el énfasis no está en una batalla física sino en una guerra espiritual. El conflicto real no era con los cananeos o los amorreos; era con Satanás y sus demonios.

Canaán era la propiedad inmueble de mejor calidad sobre toda la tierra. Conectaba a África con Europa. Tenía acceso al mar Mediterráneo. Era rica en campos y valles fértiles. Y lo más importante, la tierra era el regalo de Dios para Israel. Cerca de siete siglos antes Dios le había dicho a Abram: «A tu descendencia daré esta tierra» (Gn 12.7).

Dios separó esta propiedad para su pueblo y separó a su pueblo para ser una bendición para el mundo. Dios le prometió a Abram: «Y haré de ti una nación grande, y te bendeciré, y engrandeceré tu nombre, y serás bendición» (v. 2). Los hebreos eran los mensajeros del pacto de Dios para una constelación de personas. Israel era el pergamino donde se escribiría la historia de redención de Dios. La ciudad de Jerusalén. La aldea de Belén. Los sacrificios en el templo. Las profecías de los profetas. Todo en esta tierra.

El Redentor nacería aquí, caminaría aquí y viviría su vida aquí. Mojaría esta tierra con su sangre y haría temblar su suelo con su resurrección. El libro de Josué no trata acerca de reclamar una propiedad para un pueblo desplazado. De lo que trata es de preservar el escenario para el plan de redención de Dios.

La contraestrategia de Satanás era clara: contaminar la Tierra Prometida y adelantarse al Niño prometido.

Destruir al pueblo de Dios y destruir la obra de Dios.

Entonces, la batalla de Josué era una batalla espiritual.

Y la nuestra también.

Pues no luchamos contra enemigos de carne y hueso, sino contra gobernadores malignos y autoridades del mundo invisible, contra fuerzas poderosas de este mundo tenebroso y contra espíritus malignos de los lugares celestiales. Por lo tanto, pónganse todas las piezas de la armadura de Dios para poder resistir al enemigo en el tiempo del mal. Así, después de la batalla, todavía seguirán de pie, firmes. Defiendan su posición, poniéndose el cinturón de la verdad y la coraza de la justicia de Dios. Pónganse como calzado la paz que proviene de la Buena Noticia a fin de estar completamente preparados. Además de todo eso, levanten el escudo de la fe para detener las flechas encendidas del diablo. (Ef 6.12–16 NTV)

Para mucha gente, la idea de un diablo real parece extraña y anticuada. La tendencia popular de nuestros días es echarle la culpa de los problemas a la genética, al gobierno y al medio ambiente. Sin embargo, la Biblia presenta un adversario claro y real de nuestra fe. Su nombre es Satanás. Algunos lo llaman diablo. Otros lo llaman Belcebú, Belial, el tentador, el maligno, el acusador, el príncipe de los demonios, el príncipe de este mundo o el príncipe de la potestad del aire. Sin importar el nombre que escojas, él es el enemigo y es real.

Satanás no es el personaje astuto e inofensivo de las caricaturas. No es la contraparte imaginaria y siniestra del conejo de Pascua. Él es un ángel caído invisible pero poderoso, llamado Lucifer, que deseó el lugar alto que solo Dios podía ocupar. El que se rebeló y desobedeció, y quiere que tú y yo hagamos lo mismo. «Su enemigo el diablo, como un león rugiente, anda buscando a quien devorar» (1 P 5.8 DHH).

Cualquiera persona que se haya atrevido a acercarse a Dios ha sentido el ataque de Satanás.

¿Quieres leer su historial de antecedentes penales?

«Satanás [...] indujo a David» (1 Cr 21.1 NVI).

«Satanás ha pedido zarandear a cada uno de ustedes como si fueran trigo» (Lc 22.31 NTV).

«El diablo ya había metido en el corazón de Judas [...] la idea de traicionar a Jesús» (Jn 13.2 DHH).

«Esta mujer [...] a quien Satanás tenía atada durante dieciocho largos años» (Lc 13.16 NVI).

«Satanás [...] ha cegado la mente de los que no creen. Son incapaces de ver la gloriosa luz de la Buena Noticia» (2 Co 4.4 NTV).

«[Satanás] gobierna sobre los malos espíritus y domina a las personas que desobedecen a Dios» (Ef 2.2 TLA).

Satanás induce, zarandea, persuade, ata, ciega y gobierna.

Y tiene un objetivo: «hurtar y matar y destruir» (Jn 10.10).

Él está molesto contigo. Todo esto sobre los Días de Gloria y la vida en la Tierra Prometida lo tiene de muy mal humor. A él no le incomodan tus días en el desierto. Pero ahora que estás comenzando tu vida en la Tierra Prometida, atreviéndote a caminar en fe, no en miedo, apoyándote en la gracia, no en la culpa, escuchando más la voz de Dios, y menos la voz del diablo, te tiene en la mira. Estás en territorio enemigo.

Así le pasó a Josué. Por primera vez en casi cinco siglos, los hebreos estaban acampando en Canaán. Era el momento que habían estado esperando. ¿Cuántas veces habían contemplado la tierra exuberante al otro lado del Jordán? Algunos de ellos, como Josué y Caleb, ¡llevaban haciéndolo cuarenta años! Cuando Dios dividió las aguas del río Jordán, no esperaron a que les preguntaran dos veces. «Unos cuarenta mil guerreros armados desfilaron en presencia del SEÑOR y se dirigieron a la planicie de Jericó, listos para la guerra» (Jos 4.13 NVI). Se apresuraron al otro lado con un grito, un alarido y un chillido. Si Dios no los hubiera detenido, habrían corrido directo hasta Jericó.

Pero Dios los detuvo. Todavía no estaban listos. Es como si hubiera querido ofrecerles una palabra más.

Puedo imaginarme a la mamá enviando a su hijo a la escuela por primera vez. La mochila está llena. Ya se comió el desayuno. El autobús está esperando. El pequeño está muy emocionado y loco por salir por la puerta. Pero mamá lo detiene. Se arrodilla para quedar al nivel de los ojos de su hijo y le dice: «Recuerda lo que te he enseñado. Recuerda quién eres. Recuerda de quién eres».

Dios hizo justo eso. Detuvo completamente la invasión y en virtud de dos órdenes, preparó a los hebreos para la Tierra Prometida.

Cuando toda la gente hubo acabado de pasar el Jordán, Jehová habló a Josué, diciendo: Tomad del pueblo doce hombres, uno de cada tribu, y mandadles, diciendo: Tomad de aquí de en medio del Jordán, del lugar donde están firmes los pies de los sacerdotes, doce piedras, las cuales pasaréis con vosotros, y levantadlas en el lugar donde habéis de pasar la noche. (vv. 1–3)

Josué les ordenó a doce hombres, uno de cada tribu, que regresaran al lecho del río. En el mismo lugar donde los sacerdotes se habían parado, tomaron doce piedras. Mientras el pueblo observaba y las aguas regresaban a su cauce, Josué amontonó las piedras. Una vez hubo colocado la doceava piedra en el tope, se volvió al pueblo y les dijo: «En el futuro, cuando sus hijos les pregunten: "¿Por qué están estas piedras aquí?", ustedes les responderán: "Porque el pueblo de Israel cruzó el río Jordán en seco". El Señor, Dios de ustedes, hizo lo mismo que había hecho con el Mar Rojo cuando lo mantuvo seco hasta que todos nosotros cruzamos» (vv. 21–23).

¿El secreto para sobrevivir en territorio enemigo? *Recuerda...*

*Recuerda lo que Dios ha hecho.* Registra sus logros en tu autobiografía. Capta este cruce en tu memoria. Antes de mirar hacia delante, hacia Jericó, mira hacia atrás, hacia el Jordán y lo que Dios hizo allí.

Hace algunos años, mi hija Andrea me recordó esta verdad. Una mañana íbamos de camino a su escuela y ella notó que yo estaba algo ansioso.

«¿Por qué estás tan callado, papá?».

Le dije que estaba preocupado porque no sabía si iba a poder cumplir con la fecha de entrega de un libro.

A veces, los hijos no tienen idea de la profesión de sus papás.

—¿Acaso no has escrito otros libros? —me preguntó.

—Sí —le dije.

—¿Cuántos?

En ese momento, la respuesta era quince.

—¿Alguna vez no has entregado un libro a tiempo?

—No —le contesté.

—¿Quiere decir que Dios ya te ha ayudado quince veces?

—Sí.

Hice una mueca. Andrea sonaba como su mamá.

—Si él ya te ha ayudado en quince ocasiones, ¿no crees que te va ayudar en esta?

Traducción: amontona algunas piedras, papá.

Satanás no puede recurrir a tu testimonio. Tu mejor arma contra sus ataques es una buena memoria.

> ¡Con todas las fuerzas de mi ser
> lo alabaré y recordaré
> todas sus bondades!
> Mi Dios me perdonó
> todo el mal que he hecho;
> me devolvió la salud,
> me libró de la muerte,
> ¡me llenó de amor y de ternura!
> Mi Dios me da siempre todo lo mejor;
> ¡me hace fuerte como las águilas!
> Mi Dios es un juez justo. (Sal 103.2–6 TLA)

Crea en tu corazón una sala de trofeos. Cada vez que experimentes una victoria, coloca un recuerdo en el estante. Antes de hacer frente a un reto, haz un recorrido por los logros de Dios. Mira todos los cheques de nómina que ha provisto, todas las bendiciones que ha concedido, todas las oraciones que ha contestado. Imita a David, el joven pastor. Antes de pelear contra Goliat, él recordó cómo Dios le había ayudado a matar a un león y a un oso (1 S 17.34–36). Le hizo frente a su futuro revisitando el pasado. No vayas a Jericó mientras no hayas recordado el Jordán.

---

Puedo imaginarme a un soldado impaciente diciendo: «¡Listo, perfecto! Ya las piedras están amontonadas y hemos conmemorado el momento. ¿Podemos atacar ahora?».

Todavía no. Dios tenía otra instrucción para los hebreos antes de enviarlos a la batalla: *Recuerda de quién eres.*

En aquel tiempo Jehová dijo a Josué: Hazte cuchillos afilados, y vuelve a circuncidar la segunda vez a los hijos de Israel. (Jos 5.2)

Seiscientos años antes, Dios había instituido la práctica de la circuncisión masculina, diciéndole a Abraham: «La circuncisión será la señal de que ustedes y yo hemos hecho un pacto» (Gn 17.11 TLA). Ocho días después del nacimiento de un bebé varón, se le separaba simbólicamente y su órgano de identidad masculina era alterado. Él no era como los paganos, que no conocían a Dios. Él era un hijo del pacto. Le pertenecía a Dios.

Durante los años de peregrinación en el desierto, los hebreos olvidaron esta práctica. No es difícil ver el por qué. Con sus corazones endurecidos, el pueblo ignoró las instrucciones.

Y tal vez ahora habían sido tentados a ignorarlas otra vez. El acto de la circuncisión dejaría a los hombres convaleciendo por semanas. Sus esposas e hijos quedarían desprotegidos. Las naciones enemigas estaban atentas a todos sus movimientos. ¿Acaso los hombres no debían conservar todas sus fuerzas para poder pelear?

Sin embargo, a Dios no le preocupaban sus números, destrezas ni músculos. Él quería que recordaran a quién pertenecían. Específicamente, «hoy he quitado de vosotros el oprobio de Egipto» (Jos 5.9). El «oprobio de Egipto» era la humillación de la esclavitud que les había sometido al insulto y la deshonra de otras naciones. Era tiempo de reclamar su primogenitura como el pueblo escogido de Dios.

La circuncisión, entonces, también era una separación simbólica del pasado. El acto declaraba una nueva identidad. «Ya no eres quien eras. Eres mío». Ya no son esclavos, son libres. Ya no están en esclavitud, han sido liberados.

¿El mensaje de Dios a los hebreos? Recuerden de quién son ustedes.

¿El mensaje de Dios a nosotros? Recordemos de quién somos.

En cierto sentido, todos los creyentes han sido circuncidados. Tal vez esto sea una noticia nueva para ti. «Cuando ustedes llegaron a Cristo, fueron "circuncidados", pero no mediante un procedimiento corporal. Cristo llevó a cabo una circuncisión espiritual, es decir, les quitó la naturaleza pecaminosa» (Col 2.11 NTV).

Cristo cortó la vieja vida. Él separó de ti el poder del pecado y de la muerte. ¿Las viejas tentaciones, lujurias y anhelos? Él te alejó de su poder cuando entregaste tu corazón a Cristo. No podría repetirse demasiado ni más claramente. No eres la persona que solías ser. Tu yo antiguo ya no existe. La vida antigua ya no tiene poder. Cuando Cristo murió, tú moriste. Cuando Cristo fue enterrado, tú fuiste enterrado. Cuando Cristo resucitó de los muertos, tú resucitaste con él. Eres un nuevo tú. Puedes «[despojarte] del viejo hombre» y «[vestirte] del nuevo hombre» (Ef 4.22, 24). ¿Y quién es el nuevo tú?

Me alegra que lo hayas preguntado.

Eres

hijo de Dios (Juan 1.12),
amigo de Cristo (Juan 15.15),
un miembro del cuerpo de Cristo (1 Co 12.27),
un santo (Ef 1.1),
redimido y perdonado de todos tus pecados (Col 1.14),
una persona completa en Cristo, no te falta nada (Col 2.10),
libre de condenación (Ro 8.1–2),

colaborador de Dios (2 Co 6.1),

una persona sentada en los lugares celestiales con Cristo (Ef 2.6),

hechura de Dios (Ef 2.10),

un ciudadano del cielo (Fil 3.20),

adoptado en la familia de Dios (Ef 1.5),

nacido de Dios, y el maligno no puede tocarte (1 Jn 5.18).

Familiarízate con tu nuevo ser. «Así también ustedes deberían considerarse muertos al poder del pecado y vivos para Dios por medio de Cristo Jesús» (Ro 6.11 NTV). Cuando el diablo se te acerque, enfréntalo. «¿Qué estás haciendo aquí? ¡Yo estoy muerto para ti!». No le des cuartel. No creas sus mentiras. No aceptes sus acusaciones. No te asustes ante sus ataques. Cuando saque a la luz tus errores pasados, dile de quién eres. Él no tiene recurso ante esta verdad. Él sabe quién eres. Simplemente está esperando que tú no lo sepas o que se te olvide. Entonces, pruébale que sí sabes y que recuerdas. Dile:

«He sido comprado por un precio. Le pertenezco a Dios» (ver 1 Co 6.20).

«No me ha sido dado un espíritu de cobardía, sino de poder, de amor y de dominio propio» (ver 2 Ti 1.7).

«Nada puede separarme del amor de Dios» (ver Ro 8.35).

«Puedo encontrar gracia y misericordia en el tiempo de necesidad» (ver Heb 4.16).

«Todo lo puedo en Cristo que me fortalece» (Fil 4.13).

La gente de la Tierra Prometida piensa de esta forma. Caminan con un pavoneo reverente. Viven de su herencia. Le muestran al diablo el nuevo nombre que llevan en su pasaporte espiritual.

Están circuncidados espiritualmente. Sé que el término suena terriblemente incómodo e indiscreto. Pero es un concepto bíblico. Eres una nueva creación: «el Espíritu que vive en ustedes es más poderoso que el espíritu que vive en el mundo» (1 Jn 4.4 NTV).

¿El secreto para sobrevivir en territorio enemigo? Recordar. Recordar lo que Dios ha hecho. Recordar de quién eres.

Los hebreos hicieron lo que Dios les ordenó... y Dios los protegió.

Cuando todos los reyes de los amorreos que estaban al otro lado del Jordán al occidente, y todos los reyes de los cananeos que estaban cerca del mar, oyeron cómo Jehová había secado las aguas del Jordán [...] desfalleció su corazón, y no hubo más aliento en ellos delante de los hijos de Israel. (Jos 5.1)

La devoción dio lugar a la protección divina.

No enfrentes a Satanás enfrentando a Satanás. Enfrenta a Satanás enfrentando a Dios.

No te obsesiones con el diablo. No necesitas ser un experto en la jerarquía del infierno. No tienes que desenredar el rompecabezas de los principados. No le des a Satanás ni un momento de tu día. Echa un vistazo al diablo, pero contempla a Cristo.

Sí, allá afuera hay una guerra. Pero la guerra ya fue ganada. «De esa manera, desarmó [Dios] a los gobernantes y a las autoridades espirituales. Los avergonzó públicamente con su victoria sobre ellos en la cruz» (Col 2.15 NTV).

Satanás es un ángel caído que tiene el tiempo contado.

No permitas que interfiera con tus Días de Gloria. Neutralízalo.

*Recuerda lo que Dios ha hecho.* Enfrenta el futuro recordando el pasado.

*Recuerda de quién eres.* No eres quien solías ser. Eres hijo de Dios.

Entonces, y solo entonces, estarás listo para hacer frente a Jericó.

# 7

# ACUDE A TU COMANDANTE

*Josué 5.13—15*

Joy Veron estaba completamente sola en su cuarto de hospital. Sola con sus temores, su dolor, su recuerdo del todoterreno pasando por encima de su cuerpo. Las vacaciones se convirtieron en tragedia cuando a su vehículo se le soltó el cambio y comenzó a rodar hacia un acantilado en las montañas de Colorado con sus tres hijos adentro. Joy y sus padres estaban mirando una cabaña que sus papás estaban considerando comprar. Cuando vieron que el vehículo se estaba moviendo, corrieron para intentar detenerlo. Joy llegó primero. Por miedo a no tener el tiempo suficiente para abrir la puerta del lado del conductor, se colocó delante del todoterreno. La intromisión redujo la velocidad lo suficiente como para que su papá se metiera por el lado del pasajero y detuviera el vehículo. Esto ocurrió en octubre de 1999. Sus hijos todavía recuerdan la expresión de su rostro mientras el carro le pasaba por encima.

La espalda estaba fracturada y el daño interno era severo.

La transportaron en helicóptero a un hospital en Farmington, Nuevo México. Su condición era tan delicada que los doctores esperaron doce días antes de operarla. Salió de la operación con una fiebre peligrosamente alta. Su equipo médico luchaba para bajarle la fiebre, pero no podían. Durante siete días su temperatura ardió sin control. Y sus miedos también. Joy tenía miedo de morir. Luego sintió miedo de vivir como una paralítica. Los médicos trataban de consolarla, pero nada era suficiente. Joy le rogó a su mamá que la ayudara. Su mamá, quien se había mantenido en vigilia al lado de su cama, salió del cuarto para llamar a sus amigas y pedirles que oraran.

«Regreso pronto», le dijo a su hija.

Joy se quedó complemente sola. Pero no por mucho tiempo. Un hombre abrió la puerta y entró al cuarto. Joy no lo reconoció. Todas las enfermeras, por petición suya, eran mujeres. Si el hombre era un doctor, no era uno de sus doctores. Tenía una apariencia impresionante, era alto y estaba vestido de blanco. Tenía unos pómulos marcados y cabello platinado, dividido a la mitad y amarrado en una cola de caballo. Y sus ojos... ¡ah, sus ojos! Catorce años más tarde, cuando Joy me los describió, su rostro resplandeció. «Eran color azul cristalino y muy brillantes». Se sonríe y dice: «Nunca he visto ojos más hermosos».

El visitante se acercó a su cama y alcanzó su historial médico. Recorrió las páginas pero a Joy le dio la impresión de que no las estaba leyendo. Después de un rato, le habló con una voz tranquilizadora: «Joy, vas a estar bien. Vas a superar todo esto».

La miró a los ojos y luego, tan rápido como entró, se fue.

Y Joy le creyó instantáneamente. «Si el doctor, una enfermera o un familiar me hubiera dicho aquellas palabras, las habría puesto en duda. Pero cuando este extraño habló, sentí una profunda certeza en mi interior. Él me conocía. Y le creí. Supe que iba a estar bien».

Cuando su mamá regresó al cuarto, Joy le contó inmediatamente sobre el hombre. «Mamá, ¡él me dijo que voy a estar bien!».

La mamá salió al corredor, tratando de encontrar a alguien que se ajustara a su descripción, pero no vio a nadie. Se lo describió a los empleados del hospital. Nadie conocía a un hombre así. Buscaron por todo el hospital. No pudieron encontrarlo.

Joy conoce la razón. Cree que el visitante fue enviado del cielo solo para ella. Atesora las palabras que le dijo. Los años han traído dolor, dificultad y una vida en silla de ruedas. Con frecuencia, busca fortaleza en el recuerdo del visitante de ojos azules.

«Joy, vas a estar bien. Vas a superar todo esto».

Y así ha sido.[1]

¿Quién era este visitante? ¿De dónde vino? ¿Envió Dios a un emisario para traerle esperanza?

Josué quiere intervenir en esta discusión. Él tiene una historia paralela a la de Joy; un encuentro divino durante un momento oscuro y difícil. Él no estaba solo en el hospital, pero estaba solo ante un reto. «Cierto día Josué [...] acampaba cerca de Jericó» (Jos 5.13 NVI).

David tuvo a su Goliat. Elías tuvo a su Jezabel. Juan tuvo al Imperio Romano. Y Josué tenía al pueblo de esta ciudad fortificada levantándose como un titán en los valles estériles al norte del Mar Muerto. Muros sucesivos cercaban las casas de piedra.[2] El muro exterior medía 2.13 metros de ancho y 4.88 metros de alto. Encima de este muro, había un segundo muro, que medía 2.44 metros de alto. Una ciudadela custodiaba el extremo norte. Un bosque de palmas muy denso, de 12.87 kilómetros de largo por 4.83 kilómetros de ancho, servía de barrera al este de la ciudad. Y unas cuestas empinadas protegían el muro occidental.[3]

Muros altos. Laterales protegidos. Josué y sus soldados nunca habían enfrentado un reto como este. Habían peleado batallas en el desierto, pero siempre en su territorio, bajo sus términos y en valles abiertos. Nunca antes habían peleado contra una ciudad fortificada. Nunca habían pasado por aquí.

Tal vez tú tampoco.

Quizás estés frente a un reto que no se parece a ninguno que hayas enfrentado antes. Se asoma en el horizonte como un Jericó enojado. Imponente. Fuerte. Consume tus pensamientos y agota tus fuerzas. Te despierta y te mantiene despierto. Luce impenetrable, con muros antiguos y gruesos. Es el reto más grande de tu vida.

Y está entre una vida en la Tierra Prometida y tú.

Al igual que Josué, puedes verlo.

Al igual que Josué, tienes que enfrentarlo.

Y, al igual que Josué, no tienes que enfrentar solo a tu Jericó.

Cierto día Josué, que acampaba cerca de Jericó, levantó la vista y vio a un hombre de pie frente a él, espada en mano. Josué se le acercó y le preguntó:

—¿Es usted de los nuestros, o del enemigo?

—¡De ninguno! —respondió—. Me presento ante ti como comandante del ejército del SEÑOR.

Entonces Josué se postró rostro en tierra y le preguntó:

—¿Qué órdenes trae usted, mi Señor, para este siervo suyo?

El comandante del ejército del SEÑOR le contestó:

—Quítate las sandalias de los pies, porque el lugar que pisas es sagrado.

Y Josué le obedeció. (vv. 13–15 NVI)

Cuando de comunicados entre el cielo y la tierra se trata, Dios parece seguir una regla: no hay reglas. En el caso de Abram, tres extranjeros vinieron a cenar. (¿Comerían pastel de ángel como postre?). En la historia de Moisés, una zarza ardiendo lo dejó con los ojos abiertos y descalzo. Y un burro que hablaba captó la atención de Balaam. Un ángel resplandeciente cuidó el sepulcro vacío de Jesús.

La Biblia es famosa por sus encuentros sorpresivos. Sin embargo, no hay una visita más misteriosa que esta: el hombre con la espada desenvainada y muy seguro de sí mismo.

¿Quién era? Descartemos algunas opciones.

No era una aparición. Nada en el lenguaje nos lleva a concluir que la persona no era de carne y hueso. Tenía músculos que sujetaban la espada y cuerdas vocales que emitieron una voz. No era una visión, un espíritu, un fantasma ni un producto de la imaginación de Josué.

Tampoco era un ángel, aunque sintamos la tentación de pensar que sí lo era. Después de todo, los ángeles tienen espadas. Los ángeles pueden tomar forma corporal. Los ángeles son valientes y desafían a sus enemigos. Sin embargo, he aquí la diferencia: los ángeles no aceptan adoración. Cuando el apóstol Juan intentó adorar a un ángel, fue reprendido: «Mira, no lo hagas; yo soy consiervo tuyo, y de tus hermanos que retienen el testimonio de Jesús. Adora a Dios» (Ap 19.10). Si esta persona hubiera sido un ángel, habría rechazado la adoración de Josué; sin embargo, este visitante la aceptó y la fomentó.

¿Acaso el invitado era un ser humano? ¿Una figura fuerte e imponente? Si lo era, ciertamente le tomó el pelo a Josué pues él no solo se postró a sus pies en señal de respeto, sino que también se quitó sus sandalias. Este invitado no era mortal. No era un ángel ni una aparición. Esto nos deja con solo una opción. Era Dios encarnado. Era Jesucristo. Lo que Jesús hizo en Belén por nosotros, lo hizo por Josué cerca de Jericó. Se encarnó y visitó a su siervo. El Comandante le habló a su comandante.

¿Te resulta curioso este pensamiento? ¿Jesús A.C.; es decir, Jesucristo antes de Cristo? ¿Se te hace difícil imaginar a Jesús como un ser activo antes de su nacimiento en la tierra? Si es así, permíteme retarte a ensanchar tu imaginación. Recuerda: «Jesucristo es el mismo ayer, y hoy, y por los siglos» (Heb 13.8). «Dios [lo] escogió antes de la creación del mundo» (1 P 1.20 NVI). Las restricciones normales de tiempo y espacio no aplican a él. Sería un error que limitáramos su ministerio corporal a treinta y tres años en Palestina. Mucho antes de que Jesús comiera con Zaqueo en Jericó, compartió un momento con Josué cerca de Jericó.

¡Y qué momento fue aquel! «Me presento ante ti como comandante del ejército del SEÑOR», declaró Jesús. El ojo humano veía dos ejércitos: el cananeo y el israelita. En realidad, había un tercero. El ejército del Señor, los ángeles de Dios. Este es el ejército de ángeles al que se refiere Salmos 103.20–21: «Alaben al SEÑOR, ustedes los ángeles, ustedes los poderosos que llevan a cabo sus planes, que están atentos a cada uno de sus mandatos. ¡Sí, alaben al SEÑOR, ejércitos de ángeles que le sirven y hacen su voluntad!» (NTV).

Descarta la idea de ángeles con alas de seda y pómulos rosados. Los ángeles de Dios eran lo suficientemente fuertes como para cerrar la boca de leones en favor de Daniel. Según el libro de Apocalipsis, solo se necesitará un ángel para atar a Satanás y lanzarlo al abismo. Un solo ángel puede deshacerse del diablo.

¡Imagina lo que pueden hacer miles de ángeles! ¡Y existen muchísimos! Hebreos 12.22 hace referencia «a millares y millares de ángeles, a una asamblea gozosa» (NVI). Cuando Juan tuvo la oportunidad de vislumbrar el cielo, vio demasiados ángeles como para contarlos: «El número de ellos era millares de millares y millones de millones» (Ap 5.11 NVI). Cuando Dios abrió los ojos del criado de Eliseo, el joven vio que «el monte estaba lleno de gente de a caballo, y de carros de fuego alrededor de Eliseo» (2 R 6.17).

Los ángeles son «espíritus ministradores, enviados para servicio a favor de los que serán herederos de la salvación» (Heb 1.14). Su presencia es un beneficio de la Tierra Prometida. Todos los creyentes pueden tener la certeza de los ángeles de Dios. Son inmensos en poder y muchos en número. Y Jesús es el comandante de todos ellos.

---

El mensaje para Josué era inconfundible. *Jericó puede tener sus muros, pero tú, Josué, tienes más. Tienes a Dios. Él está contigo.*

¿Acaso no era esa la palabra que Josué necesitaba? ¿Un recordatorio de la poderosa presencia de Dios? ¿No es eso lo que todos nosotros necesitamos? ¿Saber que Dios está cerca? ¿Que nunca estamos solos? En nuestra hora más oscura, en medio de nuestras preguntas más profundas, el Señor de los millones de millones nunca nos deja.

Cuando mis hijas eran pequeñas, ocasionalmente comenzaban a llorar durante la noche. Tal vez el viento provocaba que una rama rozara una ventana o escuchaban un ruido en la calle. De pronto gritaban: «¡Papá!».

Y yo hacía lo que hacen todos los papás... decirle a su mamá. Estoy bromeando. Caminaba por el pasillo y llegaba hasta su cuarto. Cuando lo hacía, la atmósfera cambiaba. ¿Ruidos extraños? ¿Sonidos raros? No importaba. Ahí estaba papá.

Necesitas estar seguro de esto: tu Padre está aquí. Aquí como el Comandante. Aquí con sus huestes celestiales. Nunca enfrentarás solo a Jericó.

Esta fue la promesa que Dios le hizo a Joy en Nuevo México y a Josué cerca de Jericó, y esta es la promesa que te hace a ti. Él está contigo. Él todavía es el Comandante del ejército. Él está en control de todo y tiene la palabra final en todo (ver Ef 1.22). Él «sostiene todo con el gran poder de su palabra» (Heb 1.3 NTV).

Toda autoridad le ha sido dada. Él solo tiene que levantar un dedo y millares de millares de ángeles poderosos responderán a su llamada.

Su presencia es parte de tu herencia. «Jehová es la porción de mi herencia y de mi copa» (Sal 16.5). Él vendrá a ti. ¿En forma de un acompañante en el hospital o de un santo Comandante? Tal vez. O puede venir a través de un versículo bíblico o la bondad de un amigo. ¡Quizás hasta pueda hablarte por medio de un libro como este!

Ahora bien, algo sí es seguro: Dios viene a su pueblo. «El Señor de los Ejércitos Celestiales está entre nosotros» (Sal 46.7 NTV). Tú no eres la excepción a esta promesa. Su amor incluye a todo el mundo. ¿Acaso no fue este el asunto del curioso diálogo entre Josué y Jesús?

«¿Es usted de los nuestros, o del enemigo?», preguntó Josué.

«De ninguno», contestó el Comandante.

Dios no escoge bandos. Él nunca está en contra de sus hijos. Aun los malvados cananeos, que desde hacía mucho tiempo adoraban ídolos, eran candidatos para su misericordia. Si Jericó se hubiera vuelto atrás y arrepentido, Dios los habría recibido como recibió a Rahab. Él está a favor de sus hijos.

Y también está de tu parte. «Si Dios está de nuestra parte, ¿quién puede estar en contra nuestra?» (Ro 8.31 NVI).

¿Estás enfrentando un reto a nivel de Jericó? ¿Tienes de frente unos muros demasiado altos y anchos como para poder traspasarlos? ¿Enfrentas un diagnóstico, dificultad o derrota que te está impidiendo entrar a tu Tierra Prometida? Si es así, haz lo que hizo Josué.

«Estando Josué cerca de Jericó, *alzó sus ojos* y vio un varón que estaba delante de él» (Jos 5.13). Después de alzar sus ojos, Josué vio a Jesús. Mientras nuestros ojos se mantengan en nuestro Jericó, no vamos a ver a Jesús. Tenemos que mirar hacia arriba. «Alzaré mis ojos a los montes; ¿de dónde vendrá mi socorro? Mi socorro viene de Jehová, que hizo los cielos y la tierra» (Sal 121.1–2).

A fines de enero de 1956, el doctor Martin Luther King, Jr., recibió una llamada telefónica amenazadora en su casa. No era el primer mensaje de este tipo que recibía. Sin embargo, aquella noche, mientras sus hijos y su esposa dormían, la carga del movimiento por los derechos humanos le parecía demasiado pesada. Decidió que el riesgo era muy grande así es que comenzó a planificar una estrategia de salida. A la medianoche, se arrodilló ante la mesa de la cocina y empezó a orar: «Tengo miedo. La gente me ve como su líder, y si me paro delante de ellos sin fuerzas ni valor, ellos también van a titubear. Ya casi no me quedan fuerzas. No me queda nada. He llegado al punto donde no puedo enfrentarlo solo». King describió lo que ocurrió después. «Experimenté la presencia del Divino como nunca antes la había sentido. Era como si pudiera escuchar la tranquila seguridad de una voz interna diciéndome: "Defiende la justicia. Defiende la verdad y Dios estará a tu lado por siempre"».[4] Al momento de enfrentar un reto abrumador, King cambió su enfoque y se volvió a Dios.

Lo mismo hicieron Pablo y Silas. A este dúo misionero lo echaron en una cárcel romana en Filipos. El carcelero los encerró en el calabozo más recóndito y les aseguró los pies en el cepo. No tenían ni ayuda ni forma de escapar. Sin embargo, en lugar de mirar a sus grilletes y cadenas, miraron a Dios. «Pero a medianoche, orando Pablo y Silas, cantaban himnos a Dios; y los presos los oían» (Hch 16.25).

Era la medianoche. Ellos estaban en el hueco más profundo de la prisión. Las puertas estaban aseguradas. Los carceleros estaban vigilando. Sin embargo, Pablo y Silas estaban cantando. Como Josué, alzaron su vista a Dios para pedirle ayuda.

Y, al igual que Josué, la recibieron dramáticamente. «Entonces sobrevino de repente un gran terremoto, de tal manera que los cimientos de la cárcel se sacudían; y al instante se abrieron todas las puertas, y las cadenas de todos se soltaron» (v. 26).

La ayuda llegó una vez alzaron sus ojos.

Mi amiga Tammy Trent hizo el mismo descubrimiento. Poco después de su onceavo aniversario de matrimonio, ella y su esposo, Trent Lenderink, viajaron a Jamaica. Pasaron un tiempo extraordinario en la isla y, ya casi para regresar, Trent decidió detenerse para explorar la laguna azul, un área de buceo muy popular en la isla. Se puso todo su equipo: traje de buceo, gafas de buzo, aletas para bucear, moto subacuática. El plan de Trent era bucear en la laguna azul por unos quince minutos. Tammy lo estaba esperando en la orilla del agua, comiendo su almuerzo y viendo a Trent salir a la superficie para tomar aire cada par de minutos. De pronto, se dio cuenta que no lo había visto en algún tiempo. Tammy dice: «Comencé a pelear contra el pánico cuando no salió luego de treinta minutos, y luego cuarenta y cinco».

Un grupo de buzos salió a buscar a Trent. La búsqueda continuó hasta que cayó la noche, y la reanudaron a la mañana siguiente, 11 de septiembre de 2001. Tammy estaba oyendo las noticias cuando el segundo avión se estrelló contra las torres gemelas en la ciudad de Nueva York. Momentos más tarde, una llamada desde el muelle confirmó que habían encontrado a Trent. Se había ahogado en la laguna.

Tammy estaba en estado de shock. Habían estado juntos desde la escuela secundaria. Ahora, ella estaba completamente sola en un país extranjero. Todos los vuelos estaban cancelados. Los padres de Tammy no podían llegar a ella. Ella no podía salir de Jamaica. Un par de días después, pudo llegar a Kingston, donde ella y Trent habían planificado comenzar un viaje misionero. Allí, sola en una habitación de hotel, Tammy se desmoronó. Dios, oró, si estás en alguna parte allá arriba, te ruego que envíes a alguien a ayudarme, alguien que me abrace y que me permita ver que estás cerca y te preocupas por mí.

Unos minutos más tarde, alguien tocó la puerta de la habitación. Era el ama de llaves; una mujer mayor jamaiquina. «No quiero molestarla», le dijo, «pero no pude evitar escucharla llorar y estaba tratando de llegar a usted. ¿Me permitiría entrar para abrazarla y orar por usted?».

Tammy no pudo contener las lágrimas. Le contó a la mujer lo que había ocurrido. La bondadosa jamaiquina la abrazó y la apretó contra su pecho.

Jesús usó a un ama de llaves jamaiquina para consolar a su hija norteamericana.[5]

Alza tus ojos a Jesús para encontrar consuelo. No mires más a Jericó. Ya has mirado bastante en esa dirección. No necesitas memorizarte su circunferencia ni detallar todas las piedras que encuentras. La sanidad ocurre cuando miramos a nuestro Comandante. Alza tus ojos y dobla tus rodillas. «Josué, postrándose sobre su rostro en tierra, le adoró» (Jos 5.14).

Él era un general de cinco estrellas. Cuarenta mil soldados lo saludaban con reverencia mientras pasaba. Su tienda era el Despacho Oval de la Casa Blanca. Dos millones de personas lo admiraban. Sin embargo, ante la presencia de Dios, se postró sobre su rostro, se quitó las sandalias y adoró.

Nunca seremos lo suficientemente fuertes ni tendremos tanto poder como para no necesitar adorar. La gente que no adora no puede recurrir a un poder mayor que a ellos mismos. El corazón que no adora enfrenta a Jericó completamente solo.

No te dirijas a tu Jericó sin antes acudir a tu Comandante. Permítele recordarte acerca de los ángeles omnipresentes. Deja que él te demuestre su poder absoluto. Él te ha hecho esta promesa: «Nunca te fallaré. Jamás te abandonaré» (Heb 13.5 NTV).

Es posible que Jericó sea fuerte. Pero Jesús es todavía más fuerte. Permítele ser tu fortaleza.

# 8

---

# MARCHA
# ALREDEDOR
# DE JERICÓ

*Josué 6*

Esto es lo que necesitas saber sobre los muros de Jericó: eran inmensos. Rodeaban a la ciudad como una armadura, dos círculos de piedra concéntricos que se elevaban un total de 12.19 metros sobre el nivel del suelo. Impenetrable.

Esto es lo que necesitas saber sobre los habitantes de Jericó: eran feroces y crueles. Resistían todos los asedios y rechazaban a todos los invasores. Eran culpables de sacrificar niños. «¡Hasta queman a sus propios hijos en sus altares!» (Dt 12.31 TLA). Eran la Gestapo en una versión de la Edad de Bronce, tiranos despiadados en los valles de Canaán.[1]

Hasta el día en que Josué apareció. Hasta el día en que su ejército se puso en marcha. Hasta el día en que los ladrillos se agrietaron y las peñas se rompieron. Hasta el día cuando todo tembló... las piedras de los muros, las rodillas del rey y las muelas de los soldados. El fuerte impenetrable se topó con la fuerza imparable.

La poderosa Jericó se desmoronó.

Y esto es lo que necesitas saber sobre Josué: él no derribó los muros. Los soldados de Josué nunca tuvieron que mover un mazo. Sus hombres nunca desplazaron un ladrillo. Nunca echaron una puerta abajo ni removieron una piedra. ¿El zarandeo, la sacudida, el estruendo y el derrumbamiento de los muros? Dios lo hizo por ellos.

Y Dios lo hará por ti. Tu Jericó es tu miedo. Tu Jericó es tu enojo, tu amargura y tu prejuicio. Tu inseguridad sobre el futuro. Tu culpa sobre el pasado. Tu negativismo, ansiedad y tendencia para criticar, analizar demasiado o compartimentar. Tu Jericó es cualquier actitud o mentalidad que no te permita alcanzar alegría, paz o descanso.

Jericó.

Se interpone entre tus Días de Gloria y tú. Se burla de ti y te dice que te regreses al desierto con tus sueños. Se levanta como un ogro sobre el puente del progreso. Es enorme; es malvada. Bloquea tu camino. Y sus muros tienen que caer. Para vivir en la Tierra Prometida, tienes que enfrentar a tu Jericó.

Y no siempre es fácil. Cada nivel de herencia exige un desheredamiento del diablo. Satanás tiene que mudarse antes de que el santo pueda entrar. Josué le dijo a su pueblo que se preparara «para tomar posesión de la tierra que el Señor nuestro Dios nos va a dar» (Jos 1.11). El verbo que se traduce como *tomar posesión* significa «ocupar (sacando a inquilinos previos, y poseyendo su lugar)».[2]

Satanás no se va a retirar sin pelear. Él va a resistir. Va a intentar que retrocedas. Pero no va a ganar. ¿Por qué? Porque Dios ya declaró que la victoria es tuya. Satanás, desdentado y derrotado en el Calvario, no tiene autoridad sobre ti.

La palabra de Dios a Josué es la palabra de Dios a nosotros: «Esfuérzate y sé valiente» (v. 6). No prestes atención a tu miedo. No te encojas ante tus aflicciones. Toma la tierra que Dios te ha dado para que la poseas.

«Pero el SEÑOR le dijo a Josué: "Te he entregado Jericó, a su rey y a todos sus guerreros fuertes"» (6.2 NTV).

Dios no dijo: «Josué, toma la ciudad».

Dios dijo: «Josué, recibe la ciudad que yo he tomado».

Josué no entró con la esperanza de ganar. Él sabía que Dios ya había ganado.

Lo mismo puede decirse sobre ti y tu reto. Dios no dice: «Juan, rompe con tu vicio».

Él dice: «Juan, ya he roto los vicios en tu vida. Recibe la bendición de mi victoria».

Recuerda, eres coheredero con Cristo. Todos los atributos de Jesús están a tu disposición. ¿Fue Jesús victorioso? ¿Venció el pecado y la muerte? ¡Sí! ¿Serás victorioso? ¿Puedes vencer el pecado y la muerte? ¡Sí! La pregunta no es si vencerás. Es *cuándo* vencerás. La vida siempre tendrá sus retos. Pero Dios siempre te dará las fuerzas para enfrentarlos.

Las cosas son diferentes en Canaán. Los problemas y las adicciones no tienen la última palabra. El problema de hoy no es necesariamente el problema de manana. No te encarceles pensando que es así. Resiste la tentación de ponerte etiquetas. «Es que vivo preocupándome». «El chisme es mi debilidad». «Mi papá era un borracho, así que me imagino que continuaré la tradición».

¡Para eso! Esas palabras crean alianzas con el diablo. Le dan acceso a tu espíritu. No es la voluntad de Dios que vivas una vida derrotada, marginada, infeliz y fatigada. No escuches las voces antiguas y toma decisiones nuevas. «Las cuerdas me cayeron en lugares deleitosos, y es hermosa la heredad que me ha tocado» (Sal 16.6). Vive tu herencia, no tu circunstancia.

Dios ya ha prometido una victoria. Y él ha provisto las armas para la pelea.

Puedo imaginar a los soldados animándose entre sí.

«¡Llegó el momento de tomar a Jericó!», les anuncia su comandante, Josué.

«¡Maravilloso!», le contestan. «Tenemos listas nuestras escaleras y cuerdas».

«¡Vamos a escalar los muros!».

«Nuestras lanzas están afiladas y ya pulimos nuestras espadas».

«¿Por cuál flanco atacaremos primero?».

Josué mira a sus hombres y les dice: «Bueno, Dios tiene una estrategia distinta». El general les detalla el más extraño de los ataques. «Carguen el arca del pacto del Señor, y que siete de ustedes lleven trompetas y marchen frente a ella» (Jos 6.6 NVI).

Josué les ordena a los soldados que marchen delante y detrás de los sacerdotes. Les pide a los sacerdotes que suenen las trompetas continuamente mientras marchan alrededor de la ciudad una vez al día. ¿Y al resto del pueblo? «No griten, ni siquiera hablen —ordenó Josué—. Que no salga ni una sola palabra de ninguno de ustedes hasta que yo les diga que griten. ¡Entonces griten!» (v. 10 NTV).

Espera un minuto. ¿Sin grito de guerra? ¿Sin combate cuerpo a cuerpo? ¿Sin espadas centelleando, lanzas volando, arietes o catapultas asediando? ¿Solo sacerdotes, cuernos de carnero, marcha y silencio? Josué tiene, por lo menos, cuarenta mil soldados bajo su comando, ¿y les dice que se mantengan callados y que marchen?

¿Qué tipo de batalla es esta?

Una batalla espiritual. Toda batalla, a fin de cuentas, es espiritual. Todo conflicto es una lucha contra Satanás y sus fuerzas. Pablo nos instó a «hacer frente a las artimañas del diablo» (Ef 6.11 NVI). La palabra griega que usó para «artimañas» es *methodia*, de donde deriva la palabra *método*.[3] Satanás no es pasivo ni justo. Él es activo y engañoso. Tiene planes y estrategias. Por consiguiente, también necesitamos una estrategia. Por esa razón «aunque andamos en la carne, no militamos según la carne; porque las armas de nuestra milicia no son carnales, sino poderosas en Dios para la destrucción de fortalezas» (2 Co 10.3–4).

De la misma forma que Jericó era una fortaleza en Canaán, nosotros tenemos fortalezas en nuestras vidas. El apóstol Pablo usó el término para describir una mentalidad o actitud. «Las armas de nuestra milicia [...] son [...] poderosas en Dios para la destrucción de *fortalezas*, derribando argumentos y toda altivez que se levanta contra el conocimiento de Dios» (vv. 4–5). El apóstol definía una fortaleza como un argumento o altivez que «se levanta contra el conocimiento de Dios». Es una convicción, perspectiva o creencia que trata de interferir con la verdad.

Otras traducciones describen una fortaleza como

«argumentos» (NVI),
«obstáculo de arrogancia» (NTV),
«orgullo» (TLA),
«altanería» (DHH).

Una fortaleza es una premisa falsa que niega la promesa de Dios. Algo que «se levanta contra el conocimiento de Dios» (v. 5 NVI). Que busca eclipsar nuestro descubrimiento de Dios. Que intenta agrandar el problema y minimizar la capacidad de Dios para resolverlo.

¿Acaso hay alguna fortaleza que te mantiene atrapado? ¿No ves otra cosa sino Jericó? ¿Solo sientes desesperación? ¿Te invaden pensamientos de derrota? ¿Hablas el idioma de la imposibilidad?

*Dios jamás me perdonaría* (fortaleza de culpa)
*Jamás podría perdonar a esa persona* (fortaleza de resentimiento)
*Todo lo malo siempre me ocurre a mí* (fortaleza de autocompasión)
*Tengo que estar en control de todo* (fortaleza de orgullo)
*No merezco que me amen* (fortaleza de rechazo)
*Nunca voy a recuperarme* (fortaleza de derrota)
*Tengo que hacerlo bien, o Dios me rechazará* (fortaleza de desempeño)

*Tengo que lucir bien para que me tomen en cuenta* (fortaleza de apariencia)

*Mi valor se calcula según mis posesiones* (fortaleza de materialismo)

La mayoría de los cristianos no reconocen las fortalezas.[4] Viven en la sombra de esas Jericós que roban la alegría. Pero nosotros no tenemos que estar entre ellos. Nuestras armas vienen de Dios y «tienen el poder divino para derribar fortalezas» (v. 4 NVI).

¿No es eso lo que deseamos? Anhelamos ver nuestras fortalezas derribadas, convertidas en escombros de una vez por todas y para siempre. Anhelamos ver a Jericó en el suelo. ¿Y cómo ocurre eso? Manteniendo a Dios en el centro.

El arca del pacto era el símbolo de la presencia del Señor. Josué colocó el arca en el centro de la procesión. Todas las actividades orbitaban alrededor de Dios. No atacamos a nuestra Jericó con enojo, echando culpa o señalando con el dedo. No, mantenemos a Dios en el centro, usando las armas de la adoración, las Escrituras y la oración. Usamos todas las herramientas que Dios ofrece: himnos, canciones, comunión, memorización de la Biblia y súplica. Apagamos la televisión y abrimos la Biblia. Recordamos la promesa de Jesús: «yo estoy con vosotros todos los días» (Mt 28.20). Nos preocupamos menos, oramos siempre. Y hasta podemos hacer sonar nuestra versión de un cuerno de carnero.

¿Cuerno de carnero?

Los hebreos usaban dos instrumentos: la trompeta de plata y el cuerno de carnero. La trompeta de plata se usaba para convocar al pueblo (Nm 10.2). El cuerno de carnero celebraba una batalla que ya había sido ganada. Cuando Abraham mostró su disposición para entregar a su hijo Isaac como ofrenda, Dios lo detuvo y proveyó un carnero. El cuerno de carnero nos recuerda la generosidad soberana de Dios. Dios le dio a Abraham un carnero de liberación. Dios le dijo a Josué que llenara el aire con sonidos de victoria del cuerno de carnero.

Y, curiosamente, le dijo a la gente que se mantuviera callada. «Sin decir palabra alguna» (Jos 6.10 NVI). Nada de cháchara. Nada de presentar opiniones ni críticas. Nada de quejas o charlas. Mantengan la boca cerrada y las trompetas sonando.

Imagínate la reacción de los cananeos mientras el ejército de Josué marchaba en círculos alrededor de ellos. El primer día se burlaron de los hebreos. El segunda día se mofaron otra vez, pero ya no tan alto. Para el cuarto y quinto día, el enemigo ya estaba en silencio. *¿Qué estarán tramando estos hebreos?*, se preguntaban. Al sexto día los cananeos tenían la boca seca y los ojos bien abiertos, mientras los hebreos hacían su ronda. El pueblo de Jericó nunca había peleado una batalla como esta.

Igual de retadora es tu batalla contra tu archienemigo, el diablo. Él ha mantenido esta fortaleza en tu vida durante muchos años. Has intentado todo para vencerla: disciplina renovada, libros de autoayuda, expertos de la cultura popular... Nada ayuda. Pero ahora vienes en el poder de Dios, con Dios en el centro, Jesús en tu corazón, y ángeles al frente y atrás. Vienes, no con la esperanza de una posible victoria, sino con la certeza de una victoria absoluta.

Marcha como un conquistador de la Tierra Prometida. Haz sonar tu cuerno de carnero. Entona canciones de redención y declara versículos de triunfo. Prepara tu mente con la declaración de Jesús: «Consumado es» (Jn 19.30); y el anuncio de los ángeles: «No está aquí, pues ha resucitado, como dijo» (Mt 28.6). Personaliza las proclamaciones de Pablo: «somos más que vencedores por medio de [Cristo]» (Ro 8.37), y «todo lo puedo en Cristo que me fortalece» (Fil 4.13). Según lo vas haciendo, los demonios van a comenzar a dispersarse. No tienen opción, sino huir.

Hace algún tiempo, una mamá me pidió que orara por su hijo de ocho años. El niño estaba experimentando un bombardeo de imágenes y visiones aterradoras. Veía personas detrás de los carros y en las sombras. Esto provocaba que se comportara de forma introvertida y retraída. Aun en el sueño le asediaban las imágenes.

El día que nos conocimos, él lucía derrotado. Su sonrisa había desaparecido. Mientras que sus otros hermanos se mostraban seguros y contentos, en su rostro no había ni rastro de alegría. Con frecuencia, sus ojos se llenaban de lágrimas y se aferraba a su mamá.

Ella lo había llevado a varios doctores, pero nada había ayudado. ¿Estaba yo dispuesto a orar por él?

Le dije al niño lo mismo que te he estado diciendo a ti. Que el diablo no tiene autoridad sobre su vida. Que las batallas reales se pelean en la mente. Que Dios nos ayudará a tomar cautivo cada pensamiento.

Le hablé sobre las armas espirituales de la adoración, las Escrituras y la oración, y le exhorté a memorizar un versículo bíblico y a citarlo cada vez que vinieran a su mente pensamientos de miedo. Le di una herramienta. «Estira tu mano», lo insté, «y toma el pensamiento y tíralo al basurero. Y tan pronto lo hagas, reemplázalo con un versículo de la Biblia». Luego lo ungimos con aceite y oramos.

Cinco días más tarde su mamá nos reportó un gran progreso. «Desde la semana pasada las imágenes han desaparecido; ya no las ve. Está haciendo buen trabajo en la escuela, y está disfrutando mucho la lectura del libro de Génesis. Dios nos dio Salmos 25.5: "Encamíname en tu verdad, y enséñame, porque tú eres el Dios de mi salvación; en ti he esperado todo el día". Él recita este versículo todas las noches. Creo que todo esto lo ha acercado más a Cristo. Está usando la estrategia de tirar al basurero cualquier pensamiento de miedo. Me dijo que cuando intentaba tirarlos, le daba dolor de cabeza. Le pregunté: "¿Y qué hizo que se fueran?". Se sonrió y me dijo: "Sé que Dios hizo que se fueran"».[5]

---

¡Otro Jericó que pasa a la historia!

«Háganle frente al diablo, y él huirá de ustedes» (Stg 4.7 TLA). Él va a huir. *Tiene* que huir. No hay lugar para él en el sitio donde se adora a Dios. Simplemente sigue adorando y caminando.

«Pero, Max, es que llevo caminando demasiado tiempo», tal vez digas.

Sí, eso parece. Seguramente eso también pensaron los hebreos. Josué no les dijo cuántas veces tendrían que marchar alrededor de la ciudad. Dios le dijo a Josué que los muros caerían al séptimo día, pero Josué no se lo dijo al pueblo. Solo se mantuvieron caminando.

Nuestro Josué tampoco nos dijo. Por medio de la pluma de Pablo, Jesús nos exhorta a permanecer «fuertes y constantes. Trabajen siempre para el Señor con entusiasmo, porque ustedes saben que nada de lo que hacen para el Señor es inútil» (1 Co 15.58).

Mantente caminando. Tal vez hoy sea el día en que los muros caerán. Quizás estés a solo unos pasos de un momento como este.

> Al séptimo día se levantaron al despuntar el alba, y dieron vuelta a la ciudad de la misma manera siete veces [...] Y cuando los sacerdotes tocaron las bocinas la séptima vez, Josué dijo al pueblo: «Gritad, porque Jehová os ha entregado la ciudad».
>
> Entonces el pueblo gritó, y los sacerdotes tocaron las bocinas; y aconteció que cuando el pueblo hubo oído el sonido de la bocina, gritó con gran vocerío, y el muro se derrumbó. El pueblo subió luego a la ciudad [...] y la tomaron. (Jos 6.15–16, 20)

Los mismos muros que los habían mantenido fuera se convirtieron en escalones por los que pudieron subir.

De la misma forma se avecina también una gran sacudida para este mundo. Nuestro Josué, Jesús, dará la señal, y una trompeta sonará. Él reclamará cada trofeo y repelerá, de una vez por todas, a todo demonio. Volverá a hacer lo que hizo en Canaán.

Mientras tanto, sigue marchando y creyendo. Derrota tus fortalezas con las armas espirituales: adoración, Biblia y oración. Muévete de las falsas premisas a las promesas de Dios.

Es solo cuestión de tiempo para que tu Jericó caiga.

# 9

# NO CONFÍES
# EN LAS COSAS

*Josué 7*

En nuestra casa el juego se llamaba «Damas y Caballeros». Los participantes incluían a tres hijas en edad preescolar y a un papá siempre-feliz-de-la-vida. Las hijas estaban recién bañadas, con sus pijamas puestas y listas para volar del sofá a la butaca reclinable. El padre estaba muy contento de servir como maestro de ceremonias, observador y catapulta.

«Damas y caballeros», anunciaba a la audiencia de una sola persona, Denalyn, que se preguntaba por qué teníamos que hacer acrobacias antes de dormir. «Damas y caballeros, en este momento las niñas Lucado van a volar por los aires».

La sala se convertía en un carnaval y yo en un carro giratorio humano. Sujetaba a las niñas de cabeza y las columpiaba como si fueran muñecas de trapo. Ellas abrían sus brazos y se reían a carcajadas. Yo las lanzaba al sofá, de ahí al diván y luego las atrapaba cuando saltaban desde el respaldo de la butaca reclinable. A ellas les encantaba. Nunca cuestionaron mi juicio ni mi fuerza. Su mamá, sí. Y de seguro el pediatra lo habría hecho también. Sin embargo, nunca en el ciclo de mil giros y volteretas mis hijas me dijeron:

«Papá, ¿has pensado en lo que estás haciendo?».

«No creo que puedas atraparme».

«¿Estás seguro que sabes lo que estás haciendo?».

«Tal vez deberías practicar con una almohada».

Ni una sola vez pensaron que podía dejarlas caer. *Papá dice que él puede, entonces puede. Papá dice que lo va a hacer, entonces lo hará.* Ellas confiaban en mí completamente. Después de todo, yo era su padre.

Y así deberíamos confiar en el nuestro.

En una ocasión, Jesús declaró: «Lo único que Dios quiere es que crean en mí, que soy a quien él envió» (Jn 6.29 TLA). Todo comienza con la fe. La ausencia de ella resulta en años de desierto. La presencia de ella resulta en una vida en la Tierra Prometida. Realmente es así de sencillo. Así lo entendió Josué. Él no voló en una sala, pero confió en que Dios abriría ríos, colapsaría fortalezas y no permitiría que los dedos del diablo husmearan en su herencia.

Josué confió en Dios. La mayoría de su pueblo siguió su ejemplo. Sin embargo, un hombre se negó a hacerlo. Acán.

¿Nunca has oído de él? No eres el único. Solemos gravitar hacia historias bíblicas más felices. Nos encanta la redención de Pedro, la conversión de Saulo y la restauración de Sansón. ¿Pero la corrupción de Acán? Ciertamente no es tema para una canción de escuela dominical. No obstante, su historia sobrevivió las ediciones finales del libro de Josué. Dios la mantuvo ahí por una razón. No es una historia feliz ni es una lectura placentera. Debes prepararte para una advertencia solemne.

El capítulo anterior terminó con una buena nota. «Así que el SEÑOR estaba con Josué» (Jos 6.27 NTV). Jericó estaba destruida. No quedaba en pie ni una roca, ni un enemigo. El escenario estaba dispuesto para que los hebreos asumieran el control. La ciudadela estaba en ruinas. La voz se había corrido y los hebreos estaban envalentonados. El rostro de

Josué apareció en los noticieros de la tarde. «Estaba, pues, Jehová con Josué, y su nombre se divulgó por toda la tierra» (v. 27).

*Pues.* Una gran palabra.

Lamentablemente, el *pues* del capítulo 6 se convirtió en el *sin embargo* del capítulo 7.

> Sin embargo, Israel desobedeció las instrucciones sobre lo que debía ser apartado para el SEÑOR. Un hombre llamado Acán había robado algunas de esas cosas consagradas, así que el SEÑOR estaba muy enojado con los israelitas. (Jos 7.1 NTV)

Este es el dossier de Acán. Tenía una esposa. Tenía una familia. Tenía bueyes, asnos, ovejas y una tienda (v. 24). Tenía un lugar en el linaje de Judá y, a pesar de tener todo eso, violó descarada y deliberadamente la siguiente orden:

> No se queden con ninguna cosa que esté destinada para ser destruida, pues, de lo contrario, ustedes mismos serán destruidos por completo y traerán desgracia al campamento de Israel. Todo lo que esté hecho de plata, de oro, de bronce o de hierro pertenece al SEÑOR y por eso es sagrado, así que colóquenlo en el tesoro del SEÑOR. (6.18–19 NTV)

Las instrucciones eran claras. No toques las cosas. No hagas collares con el oro. No hagas medallas con el bronce. Nada de regalos. Nada de chucherías. Nada de joyas de Jericó.

Nada de bromas.

Dios tenía muchas esperanzas para este pueblo hebreo. A través de ellos se escribirían las Escrituras, vendrían los profetas y descendería el Mesías. Dios necesitaba que confiaran en él y solo en él. ¿Apoyarse en sus propias fuerzas? No. ¿En sus propios recursos? No. ¿En su propia capacidad? No.

Dios es suficiente. ¿Acaso no ha sido este el mensaje de Josué hasta el momento? ¿Quién dividió el río Jordán? ¿Quién dirigió al pueblo a través de tierra seca? ¿Quién apareció para alentar a Josué? ¿Quién derribó los muros de Jericó? ¿Quién había peleado y liberado al pueblo?

¡Dios!

Él cuidaba de su pueblo. Aun en el desierto, nunca les faltó nada. Tal vez se cansaron de comer maná, pero no pasaron hambre.

Él no solo les dio alimento, sino también ropa y buena salud. En una ocasión, Moisés les recordó: «Durante esos cuarenta años no se te gastó la ropa que llevabas puesta, ni se te hincharon los pies» (Dt 8.4 NVI). Dios hizo eco del mensaje: «Durante los cuarenta años que los guié a través del desierto, no se les desgastó la ropa ni el calzado» (Dt 29.5 NVI).

En el desierto nunca se escucharon las siguientes expresiones:

«Tengo que remojar mis pies en sal de la Higuera».

«Ay, ay, ay, mi túnica se volvió a rasgar».

«¡Eh, sandalias nuevas! ¿Dónde las conseguiste?».

A los podiatras, los sastres y los zapateros les sobraba tiempo. Ni una ampolla, ni un juanete. Dios cuidó de ellos. Y Dios prometió seguirles proveyendo más.

Citando otra vez a Moisés:

> Porque el SEÑOR tu Dios te conduce a una tierra buena: tierra de arroyos y de fuentes de agua, con manantiales que fluyen en los valles y en las colinas; tierra de trigo y de cebada; de viñas, higueras y granados; de miel y de olivares; tierra donde no escaseará el pan y donde nada te faltará; tierra donde las rocas son de hierro y de cuyas colinas sacarás cobre. (Dt 8.7–9 NVI)

En la sociedad de la Tierra Prometida de Dios, él era la única fuente de bendiciones. Él sabía lo que pasaría si los soldados recogían tesoros. Dejarían de confiar en él y comenzarían a confiar en las cosas. Piénsalo bien. Eran beduinos nómadas; la mayoría de ellos habían sido concebidos y habían nacido en el desierto. Los hebreos en Jericó eran como gitanos en Rodeo Drive. El oro los deslumbraría. Los brazaletes y los anillos les extasiarían. Los siclos, las joyas, la sed... Los hebreos no estaban preparados para ocuparse de un botín como ese. Y Acán lo comprobó. Él vio las joyas y se olvidó de su Rey. Y la disciplina de Dios fue inmediata y severa.

A unas pocas millas al norte de Jericó estaba el campamento de Hai. Josué encerró en un círculo el nombre de la ciudad en el mapa en su pared y les ordenó a sus oficiales que atacaran. Todavía saboreando la victoria en Jericó, asumió que el pequeño pueblo sería pan comido. En toda la aldea había solo doce mil habitantes. Josué tenía esa cantidad de hombres en el turno nocturno de su ejército. Así que envió a un batallón reducido: tres mil soldados.

Y a Josué le esperaba una sorpresa. La aldea era una perrera llena de *pit bulls*. El pueblo de Hai los mordió. La división de Josué regresó a casa desalentada, desgreñada y lamiendo sus heridas. De hecho, nos preguntamos si la aldea de Hai recibió su nombre a raíz del llanto de los hebreos que regresaron donde Josué gritando: «Ay, ay, ay».

> Los hombres de Hai persiguieron a los israelitas desde la puerta de la ciudad hasta las canteras y mataron como a treinta y seis que iban en retirada por la ladera. Los israelitas quedaron paralizados de miedo ante esto, y su valentía se desvaneció. (Jos 7.4–5 NTV)

Los valientes de Josué se escondieron debajo de las sábanas y temblaron. Él no sabía qué pensar. Venía de una racha de victorias y milagros. Jordán. Jericó. El rescate de Rahab. Invicto. Impávido. Sin duda alguna, la nueva fuerza en Canaán... ¿y ahora esto?

Nuestro héroe sufrió una crisis. Rasgó sus vestiduras y se postró con el rostro en tierra. Oró como los hebreos de los días de desierto. Se lamentó de la invasión y acusó a Dios de haberle tendido una trampa para que fracasaran: «¡Ah, Señor Jehová! [...] ¡Ojalá nos hubiéramos quedado al otro lado del Jordán!» (v. 7).

Josué se deshizo, pero Dios no había terminado. «Pero el SEÑOR le dijo a Josué: "¡Levántate! ¿Por qué estás ahí con tu rostro en tierra?"» (v. 10 NTV).

Josué se levantó. Dios le dijo que había problemas en el campamento.

¡Israel ha pecado y ha roto mi pacto! Robaron de lo que les ordené que apartaran para mí. Y no solo robaron sino que además mintieron y escondieron los objetos robados entre sus pertenencias. Por esa razón, los israelitas huyen derrotados de sus enemigos. (vv. 11–12 NTV)

No es que el pueblo de Hai fuera formidable. Más bien es asunto de que el campamento hebreo estaba envenenado. Dios le dijo a Josué, en muchas palabras distintas, que encontrara la manzana podrida antes de que arruinara toda la fanega.

Y por instrucción de Dios, Josué hizo una inspección de tribu en tribu, luego de familia en familia, luego de hombre a hombre, hasta que Acán confesó. Los tesoros estaban escondidos en su tienda.

Acán respondió:

—¡Es cierto! He pecado contra el SEÑOR, Dios de Israel. Entre el botín, vi un hermoso manto de Babilonia, doscientas monedas de plata y una barra de oro que pesaba más de medio kilo. Los deseaba

tanto que los tomé. Está todo enterrado debajo de mi carpa; la plata
la enterré aún más profundo que el resto de las cosas. (vv. 20–21 NTV)

Recrear el traspié de Acán no es difícil. Había caminado con los
otros soldados por las calles de la ciudad caída. Muros derrumbados.
Escombros por todas partes. Conquista completa. Todo el botín de
la ciudad sin protección... el oro, las monedas, vestimenta fina. Todo
el mundo lo vio. Los demás soldados recordaron el mandato de Dios.
Vieron los tesoros y continuaron su camino.

¿Pero Acán? Cuando pensó que nadie lo estaba mirando, redujo
el paso, echó un vistazo a la derecha y luego otro a la izquierda. «*Ví* un
hermoso manto de Babilonia, doscientas monedas de plata y una barra
de oro que pesaba más de medio kilo. Los *deseaba* tanto que los *tomé*».
«Vi... deseaba... tomé».

Otros vieron. Seguro que otros desearon. Pero solo Acán lo tomó.
¿Por qué?

Tal vez quería una recompensa. Después de todo, su bando había
ganado la batalla. O un as bajo la manga, algo de dinero como protección por si los hebreos perdían. Algunos ahorros vendrían bien como
herramienta de negociación en caso de que lo llevaran cautivo.

Sin importar la explicación, Acán no confió en Dios. No confió en
la sabiduría de Dios. No confió en la capacidad de Dios para proveer o
proteger. En la versión bíblica de «Damas y Caballeros», Acán dudó de la
capacidad de Dios para atraparlo. Así que violó el juramento preinvasión
que él y los demás habían hecho. Esta fue la acusación de Dios: «ha que-
brantado el pacto de Jehová» (Jos 7.15). Seguramente Acán estuvo entre
los hombres que juraron: «Cualquiera que se rebele contra tus órdenes y
no obedezca tus palabras y todo lo que tú ordenes, será ejecutado» (1.18
NVI). Acán tomó la justicia en sus manos. Más literalmente, tomó el
tesoro y lo llevó a su tienda, e involucró a su familia en su engaño.

El juicio fue inmediato y el castigo severo. Acán y su familia fueron ejecutados públicamente, y sus posesiones fueron quemadas. Y se erigió un monumento como advertencia al pueblo. Fue un día solemne en Gilgal.

Esta es una advertencia solemne para nosotros. Dios es celoso con nuestra confianza. Él no la pide, no la sugiere, no la recomienda; él la exige. Su mensaje sin adornar es muy claro: «Confía en mí y solo en mí».

Algo parecido a la historia de Acán nos relata el Nuevo Testamento. La iglesia había comenzado su propia era de Días de Gloria. Milagros, sermones, bautismos y crecimiento. El libro de Hechos es todo bombo y platillos, hasta el capítulo 5. Hasta Ananías y Safira. Igual que Acán, esta pareja robó lo que le pertenecía a Dios. Prometieron vender una propiedad y dar el dinero a la iglesia. Cuando cambiaron de idea acerca del donativo, actuaron como si no fuera así.

Al igual que Acán, mintieron. Como Acán, murieron. Sus cuerpos fueron sepultados y «gran temor se apoderó de toda la iglesia» (Hch 5.11 NTV). En este asunto de fe, Dios es serio. Absolutamente serio.

Acán en Gilgal.

Ananías y Safira en Jerusalén.

Sus tumbas nos recuerdan: tengan cuidado.

¿Qué revelaría una búsqueda en tu tienda?

¿Un gabinete lleno de fe o un clóset atestado de ambición? Una alacena de esperanza o un baúl con acciones de la Bolsa?

Para nuestro beneficio, la historia de Acán nos recuerda: no pongas tu confianza en las cosas.

Pablo le dijo a Timoteo: «A los ricos de este mundo, mándales que no sean arrogantes ni pongan su esperanza en las riquezas, que son tan inseguras, sino en Dios, que nos provee de todo en abundancia para que lo disfrutemos» (1 Ti 6.17 NVI).

Los «ricos de este mundo». Ese eres tú. Ese soy yo. Si tienes educación suficiente para leer esta página, suficientes recursos para ser dueño de este libro, seguramente calificas como una persona próspera. Y no hay problema en eso. La prosperidad es una consecuencia común de la fidelidad (Pr 22.4). Pablo no les dijo a los ricos que se sintieran culpables por sus riquezas; simplemente les advirtió que tuvieran cuidado.

Nada mejor que el éxito para engendrar fracaso.

El dinero es simplemente una condición a corto plazo. La abundancia o la falta de dinero solo la sentirás durante una vida... así que no te enredes demasiado en el asunto.

Imagina que estuvieras viviendo en el sur durante la Guerra Civil y que has acumulado cantidades enormes de dinero confederado. Debido a una serie de eventos, te convences de que el sur va a perder y que pronto tu dinero no tendrá ningún valor. ¿Qué harías? Si tienes algo de sentido común, buscarías la manera de deshacerte de tus centavos sureños. Invertirías cada centavo en la moneda futura y te prepararías para el fin de la guerra.

¿Estás invirtiendo en la moneda del cielo? La economía mundial va en picada. Tu billetera está llena de papel que pronto no servirá para nada. Las divisas de este mundo no tendrán valor cuando mueras o cuando Cristo regrese, y ambas pueden ocurrir en cualquier momento. Si tú y yo acumulamos tesoros terrenales y no tesoros celestiales, ¿qué dice esto sobre dónde colocamos nuestra confianza?

Los Días de Gloria ocurren de acuerdo al grado de nuestra confianza en Dios.

¿En quién confías? ¿En Dios o en el rey Más? El rey Más es un gobernante abominable. Nunca se satisface. Se oxida. Se pudre. Pierde su valor. Pasa de moda. Hace muchísimas promesas y no cumple ninguna. El rey Más te romperá el corazón.

¿Pero el Rey de reyes? Él te atrapará siempre y en cada momento.

# 10

---

# NINGÚN FRACASO ES FATAL

*Josué 8.1–29*

Tengo un recuerdo claro de algo que ocurrió en el Super Bowl del año 1991. No soy fanático extremo del fútbol americano. Ni tampoco tengo una memoria extraordinaria. De hecho, no recuerdo nada sobre la temporada del '91 excepto este detalle. Un titular. Una observación provocada por la patada de Scott Norwood.

Scott jugaba para los Bills de Búfalo. La ciudad de Búfalo no había ganado un campeonato deportivo importante desde 1965. Sin embargo, aquella noche en la bahía de Tampa parecía que la bola finalmente rodaría en favor de los Bills. El partido contra los Gigantes de Nueva York se había mantenido muy reñido. A unos segundos de terminar, los Bills estaban abajo por solo un punto. Llegaron a la yarda veintinueve de los Gigantes. Quedaba tiempo solo para una jugada más. Recurrieron a su pateador, Scott Norwood. All-Pro. El anotador estrella del equipo. Tan predecible como la nieve en Búfalo. En una temporada había atinado treinta y dos veces en treinta y siete intentos. Había anotado cinco veces desde esta distancia durante la temporada. Necesitaba hacerlo por sexta vez.

El mundo observaba mientras Norwood llevaba a cabo su rutina prepatada. Dejó de prestar atención al público, seleccionó su objetivo, evaluó el momento oportuno, esperó el chasquido y pateó la bola. Mantuvo su cabeza abajo y siguió mentalmente la trayectoria de la bola. Al momento de levantar la vista, la bola había recorrido tres cuartas partes del camino a la zona de anotación. Y fue ahí cuando se dio cuenta de que había fallado.

El equipo contrario estalló en gritos de alegría.

Todo Búfalo gimió.

Norwood bajó la cabeza.

El titular diría: «Demasiado abierta y hacia la derecha: la patada que atormentará a Scott Norwood por el resto de su vida».[1]

Sin oportunidad de repetición. Sin una segunda oportunidad. Sin excusa. Norwood no podía retroceder y crear un resultado diferente. Tenía que vivir con las consecuencias.

Lo mismo le ocurrió a Josué. Había sufrido una pérdida humillante. El ejército de Hai, aunque era más pequeño, había probado ser más poderoso. Se había abalanzado sobre sus hombres y estos habían sufrido una derrota inesperada. Uno de los soldados —se supo— había desobedecido una orden de Dios previa. El comandante tenía en sus manos la desagradable tarea de exponer y castigar la rebelión.

Josué elevó una oración sacada directamente del *Libro de quejas comunes del desierto*: «¡Ah, Señor Jehová! ¿Por qué hiciste pasar a este pueblo el Jordán, para entregarnos en las manos de los amorreos, para que nos destruyan?» (Jos 7.7).

Ciertamente este no era uno de sus mejores días.

Durante toda su vida había estado haciendo goles desde media cancha. Demostró mucho valor como espía de Moisés. Asumió el manto de liderazgo. No dudó en el Jordán. No retrocedió en Jericó. ¿Pero en el episodio titulado: «El engaño de Acán y la derrota en Hai»? En ese fracasó. Delante de su ejército, frente al enemigo, delante de Dios... fracasó.

Josué se arrastró hasta su tienda. Todo el campamento estaba devastado. Habían enterrado a treinta y seis de sus soldados y habían sido testigos de la caída de un compatriota.

Josué sintió las miradas hostiles e intensas del pueblo.

*Josué no es un buen líder.*

*No tiene lo que se necesita.*

*Nos defraudó.*

Él sabía lo que ellos pensaban. Y peor aún, sabía lo que él pensaba. Su mente se inundó con dudas sobre sí mismo.

*¿En qué estaba pensando cuando acepté este trabajo?*

*Debí haberlo hecho mejor.*

*Todo es culpa mía.*

Las voces... las escuchó todas.

Y tú también.

Cuando perdiste tu empleo, cuando reprobaste el examen, cuando abandonaste los estudios. Cuando tu matrimonio se fue a pique. Cuando tu negocio quebró. Cuando fracasaste. Las voces comenzaron a chillar. Como monos en una jaula, se reían de ti. Las escuchaste.

¡Y te les uniste! Te descalificaste, te recriminaste, te censuraste a ti mismo. Te sentenciaste a una vida de trabajo forzado en el Leavenworth de una autoestima pobre.

¡Oh, las voces del fracaso!

El fracaso nos alcanza a todos. El fracaso es tan universal que tenemos que preguntarnos por qué no lo abordan más especialistas en autoayuda. En las librerías sobran los libros sobre cómo tener éxito. Pero pasará mucho tiempo antes de que encuentres una sección que se llame «Cómo tener éxito en el fracaso».

Tal vez nadie sabe qué decir. Pero Dios sí sabe. Su libro fue escrito para los fracasos. Está lleno de individuos confundidos y reprobados. David fue un fracaso moral; sin embargo, Dios lo usó. Elías sufrió un descarrilamiento emocional después del monte Carmelo, pero Dios lo bendijo. Jonás estaba en la barriga de un pez cuando oró su oración más sincera, y Dios la escuchó.

¿Personas perfectas? No. ¿Perfectos desastres? ¡Ya lo creo! Sin embargo, Dios los usó. Un descubrimiento acerca de la Biblia que es sorprendente y muy bien recibido: Dios usa los fracasos.

Dios usó el fracaso de Josué para enseñarnos qué hacer con los nuestros. Dios le pidió a Josué rápido y urgentemente que siguiera con su vida.

«Levántate; ¿por qué te postras así sobre tu rostro?» (7.10).

«No temas ni desmayes; toma contigo toda la gente de guerra, y levántate y sube a Hai» (8.1).

El fracaso es un tipo de arena movediza. Actúa de inmediato o te tragará.

Un tropiezo no define ni rompe a una persona. Aunque fallaste, el amor de Dios no falla. Enfrenta tus fracasos con fe en la misericordia de Dios. Él vio que este colapso se acercaba. Cuando estabas parado al este del Jordán, Dios podía ver el percance futuro en tu Hai.

Aun así, él te dice lo que le dijo a Josué: «Levántate y pasa [...] tú y todo este pueblo, a la tierra que yo les doy» (1.2). No hay condición en ese pacto. No hay letra menuda. No tiene cláusulas de desempeño. La oferta del Dios de la Tierra Prometida no depende de tu perfección. Depende de la de él.

En las manos de Dios ninguna derrota es aplastante. «Cuando a Dios le agrada la conducta de un hombre, lo ayuda a mantenerse firme. Tal vez tenga tropiezos, pero no llegará a fracasar porque Dios le dará su apoyo» (Sal 37.23–24 TLA).

---

¡Cuán esencial es que entiendas esto! Deja pasar esta verdad y tus Días de Gloria pasarán de largo. Tienes que creer que la gracia de Dios es mayor que tus fracasos. Planta tu tienda en promesas como estas:

«Ninguna condenación hay para los que están en Cristo Jesús, los que no andan conforme a la carne [...] sino conforme al Espíritu» (Ro 8.1, 4).

Todo el mundo tropieza. La diferencia está en la respuesta. Algunos tropiezan y caen dentro de un pozo de culpa. Otros caen en los brazos de Dios. Los que alcanzan gracia lo hacen porque «andan conforme [...] al Espíritu». Escuchan la voz de Dios. Toman deliberadamente la decisión de levantarse y apoyarse en la gracia de Dios.

Tal como le dijo Dios a Josué: «No temas ni desmayes [...] levántate y sube».

El hijo pródigo hizo esto. Él decidió: «Me levantaré e iré a mi padre» (Lc 15.18).

¿Recuerdas su historia? Igual que tú, recibió una herencia; era un miembro de la familia. Quizás, al igual que tú, la malgastó viviendo una vida desenfrenada y tomando malas decisiones. Perdió hasta el último centavo. Su jornada lo llevó hasta una porqueriza en una calle sin salida. Alimentaba cerdos para sobrevivir.

Un día, tenía tanta hambre que el lodo le olió a filete. Se inclinó por encima del comedero, inhaló y se babeó. Se amarró la servilleta al cuello, sacó un tenedor de su bolsillo y espolvoreó el lodo con sal. Estaba a punto de comenzar a comer, cuando algo despertó en su interior. *Espera un momento. ¿Qué hago aquí comiendo lodo y codeándome con los cerdos?* Entonces tomó una decisión que cambió su vida para siempre. «Me levantaré e iré a mi padre».

¡Tú puedes hacer lo mismo! Quizás no puedas solucionar todos tus problemas ni desenredar todos tus nudos. No puedes deshacer todo el daño que has causado. Pero sí puedes levantarte e ir a tu Padre.

Acabar en un corral de cerdos da asco. Pero quedarse ahí es simplemente una estupidez.

Levántate y sal de ahí. Aun el apóstol Pablo tuvo que tomar esta decisión: «He decidido no fijarme en lo que ya he recorrido, sino que ahora [...] sigo adelante, hacia la meta» (Fil 3.13–14 TLA).

No hay futuro en el pasado. No puedes cambiar el ayer, pero sí puedes hacer algo con el mañana. *Pon en efecto el plan de Dios.*

Dios le dijo a Josué que revisitara el lugar del fracaso. «Levántate y sube a Hai. Mira, yo he entregado en tu mano al rey de Hai, a su pueblo, a su ciudad y a su tierra» (Jos 8.1). En esencia, Dios le dijo a Josué: «Hagámoslo otra vez. Ahora a mi manera».

Y no tuvo que decírselo dos veces. Josué y sus hombres marcharon temprano en la mañana desde Gilgal hasta Hai, una distancia de aproximadamente veinticuatro kilómetros. Colocó una unidad de comando especializada detrás de la ciudad.[2] Detrás de este contingente había un grupo de cinco mil hombres (v. 12).

Entonces, llevó con él a otra compañía de soldados y se dirigieron hacia la ciudad. El plan era una táctica militar básica. Josué atacaría, luego se retiraría, para provocar que los soldados de Hai salieran de su aldea. Funcionó.

El rey de Hai, todavía pavoneándose por la victoria número uno, se puso en camino hacia la victoria número dos. Marchó hacia Josué y dejó a la ciudad desprotegida. El comando elite atacó e incendió la ciudad. Y Josué dio marcha atrás, y atrapó al ejército de Hai en el medio. La victoria fue absoluta.

Compara este ataque con el primero. En aquel, Josué consultó a los espías; en el segundo, escuchó a Dios. En el primero, se quedó en casa. En el segundo, marchó al frente. El primer ataque incluyó a una unidad pequeña. El segundo involucró a muchos más hombres. En el primer ataque no hubo tácticas. El segundo fue estratégico y sofisticado.

¿El punto? Dios le dio a Josué un plan nuevo: trata otra vez, a mi manera. Cuando él siguió la estrategia de Dios, ocurrió la victoria.

Pedro, también, descubrió el milagro de la segunda oportunidad de Dios. Un día, Jesús usó su barca como plataforma. La multitud en la playa era tan grande que Jesús necesitaba apartarse un poco, así que predicó desde la barca de Pedro. Luego, le pidió a Pedro que lo llevara a pescar.

El futuro apóstol no tenía ningún interés. Estaba cansado; había estado pescando toda la noche. Estaba desanimado; no había atrapado nada. ¿Qué sabía Jesús de pesca? Pedro estaba acomplejado. La playa estaba llena de gente. ¿Quién quiere fracasar en público?

Pero Jesús insistió. Y Pedro cedió. «En tu palabra echaré la red» (Lc 5.5).

Este fue un momento decisivo para Pedro. Él estaba diciendo: «Voy a tratar otra vez, a tu manera». Cuando lo hizo, atraparon tantos peces que por poco se hunde la barca. A veces, lo único que necesitamos es simplemente tratar otra vez con Cristo en la barca.

Los fracasos son fatales solo si no aprendemos de ellos.

Mi esposa y yo pasamos cinco años en Río de Janeiro, Brasil, como parte de un equipo misionero. Nuestros primeros dos años parecían infructuosos e inútiles. Típicamente, en el servicio de adoración, nosotros los gringos éramos más que los brasileños. La mayoría de las veces regresaba frustrado a la casa.

Así que le pedimos a Dios otro plan. Oramos y releímos las epístolas. Especialmente nos enfocamos en Gálatas. Me pasó por la mente que estaba predicando sobre una gracia limitada. Cuando comparaba nuestro mensaje del evangelio con el de Pablo, noté una diferencia. El de él era un mensaje de buenas nuevas con alto octanaje. El mío era legalismo amargado. Así que, como equipo, decidimos enfocarnos en el evangelio. En mis clases, invertí mi mejor esfuerzo en proclamar sobre el perdón de pecados y la resurrección de los muertos.

Vimos un cambio inmediato. ¡Bautizamos a cuarenta personas en doce meses! Bastantes para una iglesia de sesenta miembros. Dios no había terminado con nosotros. Simplemente necesitábamos dejar el pasado en el pasado y poner en efecto el plan de Dios.

No pases ni un minuto más en la porqueriza. Es tiempo de levantarte.

No malgastes tus fracasos negándote a aprender de ellos. Es tiempo de ser sabio.

Dios no se ha olvidado de ti. Mantén tu rostro en alto. No sabes lo que puede estar esperando por ti.

Scott Norwood salió cabizbajo del campo de juego. Durante un par de días los recuerdos sobre la patada que falló no lo dejaban quieto. No podía dormir. No encontraba paz. Cuando el equipo regresó a Búfalo, todavía se sentía alterado. A pesar de que el equipo perdió, la ciudad organizó un evento para reconocerlos. La asistencia fue impresionante; entre veinticinco y treinta mil personas. Norwood asistió y subió a la tarima junto a los otros jugadores.

Intentó mantenerse en la parte trasera, escondido detrás de los otros futbolistas. Sin embargo, los fanáticos tenían otra idea en mente. Mientras un líder cívico estaba dando su discurso, comenzaron a corear:

«Queremos a Scott».

Y luego más alto.

«¡Queremos a Scott!».

Scott se mantuvo detrás de sus compañeros de equipo. Después de todo, él no sabía para qué lo quería la multitud.

El volumen del coro siguió aumentando, hasta que el orador tuvo que callarse. Los compañeros de equipo de Norwood lo empujaron hacia el frente de la tarima. Cuando los fans lo vieron, le dieron un fuerte aplauso. Había fallado en la patada, pero se aseguraron de que supiera que seguía siendo parte de su comunidad.

La Biblia dice que nosotros estamos rodeados por una grande nube de testigos (Heb 12.1). Miles y miles de santos salvos nos miran desde arriba. Abraham. Pedro. David. Pablo... y Josué. Tu abuela, tío, vecino, entrenador. Ellos han visto la extraordinaria gracia de Dios y te quieren animar.

Presiona tu oído contra la cortina de la eternidad y escucha. ¿Los escuchas? Están coreando tu nombre. Te están animando para que continúes.

«¡No te rindas!».

«¡El esfuerzo bien vale la pena!».

«¡Trata otra vez!».

Tal vez hayas fallado la patada, pero sigues siendo parte del equipo de Dios.

# II

---

# VOCES, DECISIONES Y CONSECUENCIAS

*Josué 8.30–35*

Las últimas palabras que recuerdo haber escuchado antes de entrar al agua fueron: «Lo vas a lamentar». Ignoré la advertencia sin darme vuelta. ¿De qué iba a lamentarme? El resto del grupo estaba tomando la ruta larga; yo tomé el atajo. Deja que los demás caminen alrededor del agua; yo voy a atravesarla. Después de todo, eran simplemente los Everglades.

Por supuesto, nunca antes había estado en los Everglades. Nunca había visto un pantano floridano. Había visto riachuelos en Texas, lagos en Nuevo México. ¡Y hasta había pescado truchas en un río en Colorado! Agua es agua, ¿cierto?

«Falso», intentaban decirme mis nuevos amigos floridanos. Me llevaban a un picnic. Una fiesta para darme la bienvenida a Miami. Las mesas estaban al otro lado del pantano. El departamento de parques había tenido la amabilidad de construir un puente para que los peatones pudieran pasar por encima del pantano. ¿Pero quién necesitaba un puente? Recién me había graduado de la universidad, estaba soltero, quería causar una buena impresión y no me iba a dejar desanimar por unos pocos metros de agua.

«Lo voy a cruzar caminando».

Alguien señaló un letrero. «El agua de pantano no se recomienda para recreación».

Una advertencia no me detendría, así que entré al agua. El lodo se tragó mis pies. El agua estaba turbia, apestosa y era el hogar de un millón de mosquitos. Criaturas serpenteantes me pasaron por el lado nadando. Otras criaturas escamosas me rozaron. Creo que vi un par de ojos mirando en mi dirección.

Di marcha atrás. El abismo succionó mis chancletas y jamás volví a verlas. Salí, cubierto de lodo, con picaduras de mosquitos por todas partes y el rostro rojo. Caminé por el puente y me senté en la mesa de picnic.

El resto del grupo la pasó muy bien. Yo pretendía hacerlo, ¿pero cómo era posible? Estaba sentado allí cubierto de lodo seco, ronchas de mosquitos y muchos pesares.

Ingredientes para un picnic miserable.

Perfecto para un buen proverbio.

La vida tiene sus voces. Las voces nos llevan a tomar decisiones. Las decisiones tienen consecuencias.

¿Por qué algunos cristianos se quejan en el picnic? ¿Por qué algunos santos están muy bien mientras que otros apenas sobreviven? ¿Por qué algunos hacen frente a retos del tamaño del Everest y tienen éxito, mientras que otros parecen caminar cuesta abajo y tropiezan? ¿Por qué algunas personas viven insaciablemente contentas mientras que otras son inexplicablemente infelices?

Me he preguntado esto en mi propia vida. Algunas temporadas te sientes como montado en una bicicleta, cuesta abajo y con el viento a tu favor. Otras, como si estuvieras pedaleando un monociclo con la llanta pinchada, tratando de escalar el pico Pikes en Colorado. ¿Por qué?

La respuesta se encuentra en los pantanos, los letreros y los caminos que escogemos.

Los Días de Gloria ocurren cuando hacemos buenas decisiones. Y los problemas llegan cuando no lo hacemos. Este es el mensaje principal que Josué pronunció en la asamblea nacional en el valle de Siquem.

A medida que vayas compilando tu lista de puntos de referencia geográficos en el libro de Josué, no pases este por alto.

La lista incluye

- el río Jordán (lugar del cruce);
- el campamento en Gilgal (piedras de recordación y renovación de la circuncisión);
- Jericó (donde Josué vio al Comandante y cayeron los muros);
- Hai (donde Acán cayó y Josué se levantó);
- y ahora Siquem.

El peregrinaje a Siquem fue idea de Moisés (Dt 27.4–8). Él le dio instrucciones a Josué para que detuviera completamente la invasión y llevara a todo el pueblo al valle de Siquem. Siquem quedaba a una caminata de poco más de 32 kilómetros desde el campamento en Gilgal.[1] Seguro que los hebreos parecerían un río Amazonas humano mientras marchaban.

Una vez llegaron al valle, Josué emprendió la tarea de edificar un altar.

> Entonces Josué edificó un altar a Jehová Dios de Israel en el monte Ebal, como Moisés siervo de Jehová lo había mandado a los hijos de Israel, como está escrito en el libro de la ley de Moisés, un altar de piedras enteras sobre las cuales nadie alzó hierro; y ofrecieron sobre él holocaustos a Jehová, y sacrificaron ofrendas de paz. También escribió allí sobre las piedras una copia de la ley de Moisés, la cual escribió delante de los hijos de Israel. (Jos 8.30–32)

En el antiguo Cercano Oriente era costumbre que los reyes conmemoraran sus logros militares registrando sus conquistas en piedras enormes cubiertas con cal. Sin embargo, Josué no conmemoró su hazaña. Él celebró la ley de Dios. El secreto de la exitosa campaña de los hebreos no fue la fuerza del ejército sino la determinación del pueblo de cumplir los mandamientos de Dios.

Y luego la mejor parte:

> Y todo Israel, con sus ancianos, oficiales y jueces, estaba de pie a uno y otro lado del arca, en presencia de los sacerdotes levitas que llevaban el arca del pacto de Jehová, así los extranjeros como los naturales. La mitad de ellos estaba hacia el monte Gerizim, y la otra mitad hacia el monte Ebal, de la manera que Moisés, siervo de Jehová, lo había mandado antes, para que bendijesen primeramente al pueblo de Israel. Después de esto, leyó todas las palabras de la ley, las bendiciones y las maldiciones, conforme a todo lo que está escrito en el libro de la ley. (vv. 33–34)

Las praderas de Siquem se encuentran entre el monte Ebal y el monte Gerizim. El valle está cubierto de jardines, huertos frutales y olivares. Hay estratos de roca caliza en la parte más profunda de la hendidura, divididas en salientes «como para presentar la apariencia de una serie de banquillos».[2] La formación rocosa crea un anfiteatro con propiedades acústicas que permite que el sonido que se origina a un lado del valle pueda escucharse en el otro.

A las tribus les fueron asignados sus lugares: seis en un lado y seis en el otro. En medio de ellas estaban los sacerdotes, levitas, líderes y el arca del pacto. Cuando Josué y los levitas leyeron las bendiciones, las tribus que estaban en Gerizim gritaron: «¡Amén!». Cuando los líderes leyeron las maldiciones, el millón aproximado de personas en Ebal declaró: «¡Amén!».[3]

¿Puedes imaginarte el drama de ese momento?

«Si escuchas obedientemente la voz de Dios, él...

«¡Derrotará a tus enemigos!».

«¡Amén!».

«¡Enviará su bendición sobre tus graneros!».

«¡Amén!».

«¡Te colmará con cosas buenas!».

«¡Amén!».

«Abrirá de par en par sus bóvedas celestiales y enviará lluvia sobre tu tierra» (ver Dt 28.1–13).

«¡Amén!».

La proclamación de las maldiciones siguió el mismo patrón. «Maldito es todo aquel que...

«¡Esculpa imágenes de dioses!».

«¡Amén!».

«¡Deshonre a sus padres!».

«¡Amén!».

«Acepte soborno por matar a una persona inocente».

«¡Amén!» (ver Dt 27).

De aquí para allá, de allá para acá. Las voces retumbaban en los acantilados de piedra. Todo el pueblo —niños, inmigrantes, viejos, todo el mundo— en ritmo antifonario proclamaba sus valores. «No hubo palabra alguna de todo cuanto mandó Moisés, que Josué no hiciese leer delante de toda la congregación de Israel, y de las mujeres, de los niños, y de los extranjeros que moraban entre ellos» (Jos 8.35).

Ten presente el cuándo y el dónde de esta asamblea. ¿Cuándo ocurrió este evento? En medio de una invasión. ¿Dónde? Exactamente en el medio del territorio enemigo. Este pueblo fortalecido en el desierto, apretó el botón de Pausa en la guerra física para poder pelear la guerra espiritual.

El prestar atención a la Palabra de Dios es más crítico que pelear la guerra de Dios. De hecho, el prestar atención a la Palabra de Dios *es* pelear la guerra de Dios. La conquista se alcanza cuando se honra el pacto.

¿Quieres una vida en la Tierra Prometida?

¿Deseas la plenitud de los Días de Gloria?

¿Anhelas experimentar a Canaán al máximo?

Obedece los mandamientos de Dios.

¿Qué es eso? ¿Esperabas algo más místico, exótico, intrigante? ¿Pensabas que la vida a nivel de Canaán nacía de expresiones de éxtasis o visiones angelicales, momentos en la cima de montañas o mensajes a medianoche desde el cielo?

Lamento decepcionarte. «La obediencia», escribió C. S. Lewis, «es la llave para todas las puertas».[4] No pienses ni por un momento que puedes prestar atención a la voz equivocada, tomar la decisión incorrecta y escapar de las consecuencias.

De igual manera, la obediencia conduce a cataratas de bondad no solo para ti, sino para tus hijos, los hijos de tus hijos, bisnietos y los hijos de mil generaciones en el futuro. Dios promete derramar «amor inagotable por mil generaciones sobre los que me aman y obedecen mis mandatos» (Éx 20.6 NTV).

Al obedecer los mandamientos de Dios, abrimos la puerta al favor de Dios.

¿Un claro ejemplo? El cambio extraordinario de las islas Pitcairn. En la primavera del 1789 una pandilla de marineros rebeldes se estableció en este pequeño punto, a cuatro mil millas al este de Nueva Zelandia en el Pacífico Sur. Enojados debido al estilo severo del capitán Bligh, los amotinados los pusieron a él y a sus seguidores de patitas en un barco y les vieron zarpar hacia el mar.

El capitán Bligh llegó a tierra firme y al fin testificó contra la tripulación del barco llamado HMS *Bounty*. Pero, ¿qué fue de aquellos marinos que se establecieron en Pitcairn? Los hombres se casaron con esposas tahitianas y reclutaron a trabajadores tahitianos. Tuvieron la oportunidad de crear una ciudad estable, pero en lugar de eso crearon un sumidero de violencia, adulterio y embriaguez. No respetaban ningún estándar, ni moral, ni leyes. Al término de una década, habían muerto por enfermedades o ataques. Solo un rebelde sobrevivió. Alexander Smith.

Abandonado en la isla de poco más de tres kilómetros cuadrados, comenzó a leer la Biblia. Luego testificó: «Cuando me topé con la vida de Jesús, mi corazón comenzó a abrirse como puertas oscilantes. Una vez me convencí de que Dios era un Padre amoroso y misericordioso para aquellos que se arrepienten, me pareció probable el que pudiera sentir su presencia... y cada día estuve más seguro de su mano que sirve de guía».

Smith convenció a los isleños para que siguieran las enseñanzas de las Escrituras. Cuando la fuerza naval británica descubrió las islas Pitcairn en 1808, quedaron maravillados ante el orden y la decencia. La isla fue transformada. Smith fue perdonado y Pitcairn se convirtió en sinónimo de piedad en el siglo diecinueve.[5]

La obediencia conduce a la bendición. La desobediencia nos lleva a los problemas.

¿Recuerdas la parábola de Jesús acerca de los dos constructores que edificaron cada uno una casa? Uno construyó en arena de bajo costo y con acceso fácil. El otro edificó sobre roca de alto costo y difícil de llegar a ella. El segundo proyecto de construcción exigió más tiempo y más gastos, pero cuando las lluvias de primavera convirtieron el arroyo en una torrentera turbulenta... adivina cuál constructor disfrutó de una bendición y cuál experimentó problemas. Una propiedad frente a la playa no vale de nada si no puede resistir la tormenta.

Según Jesús, el constructor sabio es «cualquiera [...] que me oye estas palabras, y las hace» (Mt 7.24). Ambos hombres escucharon las enseñanzas. La diferencia entre ellos no era conocimiento e ignorancia, sino obediencia y desobediencia. La seguridad llega según ponemos en práctica los preceptos de Dios. Somos tan fuertes como nuestra obediencia. «No se contenten sólo con escuchar la palabra, pues así se engañan ustedes mismos. Llévenla a la práctica» (Stg 1.22 NVI).

Hace unos meses estaba en Nueva York en un viaje ministerial. Había pasado el día en la compañía de colegas y amigos. El último compromiso de la noche terminó cerca de las diez. Cuando estábamos entrando en el vestíbulo del hotel, mi estómago gruñó. Tenía hambre. Mis compañeros no. Ellos habían cenado durante el banquete en el que yo hablé. Pensé en subir a mi habitación y pedir servicio en el cuarto, pero el hotel estaba bastante lleno y el despacho tardaría. Recordé que había una cafetería cerca, así que me despedí del equipo y me dirigí allí.

Pocos minutos más tarde ya iba de vuelta, con mi sandwich en la mano. Mientras cruzaba la calle, vi a dos mujeres paradas en la esquina cerca de mi hotel. Asumí que acababan de salir del teatro.

«Con permiso, caballero», me dijo una de ellas. «¿Quisiera compañía esta noche?».

Aquello me tomó desprevenido. Las mujeres jóvenes no coquetean conmigo. Tengo sesenta años. Me estoy quedando calvo. Peleo la batalla del estómago abultado. Mis bíceps no se notan desde que Clinton era presidente. Entonces, lo entendí: no estaban interesadas en mí. Estaban interesadas en lo que podría pagarles. Este versículo saltó en mi mente: «No se dejen engañar: nadie puede burlarse de la justicia de Dios. Siempre se cosecha lo que se siembra» (Gá 6.7 NTV).

Ni siquiera me detuve. Les hice un gesto con la mano para que se alejaran, me apresuré al hotel y llamé a mi esposa. ¡Imagina si no lo hubiera hecho! Imagina el dolor, la culpa, la vergüenza que habría creado. ¡Vaya tema de pantano!

Hay voces que te esperan hoy. Quizás no en una avenida en la ciudad de Nueva York, pero sí en el trabajo, en la calle sin salida de tu vecindario, en la escuela, en la Internet. Están esperando por ti. Están ahí, en las intersecciones de tu vida social y familiar. No puedes eliminar su presencia. Sin embargo, sí puedes prepararte para su invitación.

Recuerda quién eres; eres hijo de Dios. Fuiste comprado por el bien más preciado en la historia del universo: la sangre de Cristo. En ti habita el Espíritu del Dios viviente. Has sido equipado para una misión eterna que te facultará para vivir en la presencia misma de Dios. Has sido separado para un llamado santo. Le perteneces.

Recuerda dónde estás; esto es Canaán. Estás en la Tierra Prometida, no geográfica sino espiritualmente. Esta es la tierra de gracia y esperanza y libertad y verdad y amor y vida. El diablo no tiene jurisdicción sobre ti. Él actúa como si la tuviera. Camina pavoneándose y te tienta, pero cuando lo resistes y te vuelves a Dios, él tiene que huir (Stg 4.7).

Decide ahora lo que dirás entonces.

Escoge la obediencia. Y, al hacerlo, puedes esperar bendiciones: la bendición de una consciencia limpia, la bendición de una buena noche de sueño, la bendición de la compañía de Dios, la bendición del favor de Dios. Esto no es garantía de una vida fácil. Es la certeza de la ayuda de Dios. «La persona íntegra enfrenta muchas dificultades, pero el SEÑOR llega al rescate en cada ocasión» (Sal 34.19 NTV).

Un pensamiento final antes de irnos del valle de Siquem. Nota la ubicación del altar. El altar de piedras enteras, ¿dónde fue construido?

No fue en Gerizim, el monte de la bendición. Josué lo edificó en Ebal, el monte de la maldición. Aun en medio de las malas decisiones, hay gracia.

Ojalá que escuchemos la voz correcta. Ojalá tomemos la decisión correcta. Quiera Dios que disfrutemos bendición sobre bendición. Pero si no es así, podemos regresar al altar en Ebal. Fue edificado para gente como nosotros.

# HAZ ORACIONES AUDACES

*Josué 9—10*

Cuando un compañero de trabajo de Martin Lutero se enfermó, el reformador oró por sanidad con mucha audacia. «Le supliqué al Todopoderoso con gran vigor», escribió. «Le ataqué con sus propias armas, citando de las Escrituras todas las promesas que podía recordar, le dije que las oraciones debían ser concedidas y le dije que tenía que contestar mi oración si de ahí en adelante quería que pusiera mi fe en sus promesas».[1]

En otra ocasión, su buen amigo Frederick Myconius estaba enfermo. Lutero le escribió: «Te ordeno en el nombre de Dios que vivas pues todavía te necesito en la obra de reformar la iglesia [...] El Señor nunca me permitirá escuchar que te has muerto, sino que te permitirá que me sobrevivas. Esta es mi oración, esta es mi voluntad y que así sea hecho porque todo lo que busco es glorificar el nombre de Dios».[2]

Mientras John Wesley estaba atravesando el Océano Atlántico, se topó con vientos contrarios. Estaba leyendo en su cabina cuando se percató de que afuera había algo de confusión. Cuando se dio cuenta que los vientos estaban desviando el rumbo del barco, respondió con una oración. Adam Clarke, un colega, escuchó la oración y tomó nota de ella.

Dios todopoderoso y eterno, tienes dominio sobre todo, y todas las cosas sirven al propósito de tu voluntad, tú tienes a los vientos en tus puños, te sientas sobre torrentes de agua y reinas para siempre. Ordénales a estos vientos y a estas olas que te obedezcan y llévanos de forma rápida y segura hasta el puerto donde debemos llegar.

Wesley se levantó de sus rodillas, tomó su libro y siguió leyendo. Dr. Clarke subió a cubierta, donde encontró vientos tranquilos y a un barco en rumbo. Sin embargo, Wesley no hizo ningún comentario sobre la oración contestada. Clarke escribió: «Él estaba tan seguro que sería escuchado que dio por sentado que lo había sido».[3]

¿Cuán audaces son tus oraciones?

La audacia en la oración es una idea que incomoda a muchas personas. Pensamos en hablarle a Dios con delicadeza, humillarnos ante Dios o entablar una charla con Dios... ¿pero sufrir con angustia ante Dios? ¿Bombardear los cielos con oraciones? ¿Dar de puños en la puerta del Altísimo? ¿Pelear con Dios? ¿Acaso no es esa una oración irreverente? ¿Atrevida?

Lo sería si Dios no nos hubiera invitado a orar de esa manera. «Así que, cuando tengamos alguna necesidad, acerquémonos con confianza al trono de Dios. Él nos ayudará, porque es bueno y nos ama» (Heb 4.16 TLA).

Josué lo hizo, pero no antes de no hacerlo. Su vida de oración nos enseña lo que ocurre cuando no oramos y también nos dice cómo orar.

En los días que siguieron a la asamblea en Siquem, un grupo de extranjeros llegó al campamento de Josué. Le dijeron: «Tus siervos han venido de tierra muy lejana» (Jos 9.9). Se presentaron a sí mismos como peregrinos desdichados de un lugar distante. Todo parecía coincidir con su historia. Su ropa hecha de saco, sus sandalias y su vestimenta estaban desgastados. Hasta el pan estaba seco y mohoso. Pidieron ser aliados de los hebreos. Alabaron los logros de Dios, y les pidieron a Josué y a sus hombres que hicieran pacto con ellos. Josué ponderó las opciones, y sus dirigentes al fin se pusieron de acuerdo.

Pasaron tres días antes de que Josué se diera cuenta que le habían tomado el pelo. Aquella gente no era de una tierra lejana; eran de Gabaón, a un día de distancia a pie. Su vestimenta desgastada era un camuflaje. Pretendieron ser extranjeros porque sabían que los hebreos habían saqueado a Jericó y a Hai. Y quizás sabían que las leyes de Dios hacían provisión especial para las ciudades fuera de Canaán (Dt 20.10–12). Cualquiera ciudad que acordara hacer paz con ellos sería perdonada. Y como tenían miedo, recurrieron al engaño.

¿Por qué Josué y sus ancianos no detectaron la artimaña? Porque «no consultaron a Jehová» (Jos 9.14). La práctica de los hebreos debía ser orar primero, actuar después. A Josué le fue dicho: «se pondrá delante del sacerdote Eleazar, y le consultará por el juicio del Urim delante de Jehová» (Nm 27.21).

Josué no lo hizo. Él y su concilio establecieron alianza con el enemigo porque no buscaron el consejo de Dios.

Nos conviene aprender del error de Josué. Nuestro enemigo también entra disfrazado en nuestro campamento. «Satanás mismo se disfraza de ángel de luz» (2 Co 11.14 NVI). Él es astuto. Por eso es vital que...

*Consultemos a Dios en todo.* Siempre. De inmediato. Rápidamente. Vive con un oído hacia el cielo. Mantén una línea abierta con Dios.

«Dios, ¿viene de ti esta oportunidad?».

«Dios, ¿estás tú en esta empresa?».

«Dios, ¿debo seguir este camino?».

En cada decisión. Ante cada encrucijada. Reconócelo, préstale atención, pregúntale: «¿Viro a la derecha o a la izquierda?». «Fíate de Jehová de todo tu corazón, y no te apoyes en tu propia prudencia. Reconócelo en todos tus caminos, y él enderezará tus veredas» (Pr 3.5–6).

Nuestra relación con Dios es exactamente eso: una relación. Su invitación es clara y sencilla: «Ven y conversa conmigo» (Sal 27.8 NTV). ¿Y nuestra respuesta? «Aquí vengo, SEÑOR» (v. 8 NTV). Nosotros permanecemos con él y él permanece con nosotros. Él nos concede la sabiduría según la necesitamos.

En una ocasión, intenté darle a Denalyn este nivel de dirección. Estábamos usando el GPS de mi celular para localizar un destino específico. Denalyn estaba manejando y yo estaba leyendo el mapa. Solo para divertirme, silencié el volumen de la voz y le dije a Denalyn que le daría la dirección al momento en que la necesitara, no antes.

A ella no le agradó el plan. Quería saber de una vez toda la ruta. Prefería tener toda la información en lugar de pedacitos de ella.

Sin embargo, yo insistí. Le dije: «Este es un buen adiestramiento espiritual. Dios obra de esta manera».

«Pero tú no eres Dios».

Punto a su favor. Le dije la ruta completa.

Pero Dios no lo hace. Él nos ayudará en contra del diablo. Expondrá las artimañas de Satanás. No obstante, debemos consultar con él regularmente. Su palabra es una «lámpara [...] a [nuestros] pies» (Sal 119.105), no un reflector hacia el futuro. Él nos da suficiente luz para dar el siguiente paso.

Los Días de Gloria son lo que son porque aprendemos a escuchar la voz de Dios diciéndonos que viremos hacia este lado o hacia el otro. «Tus oídos lo escucharán. Detrás de ti, una voz dirá: "Este es el camino por el que debes ir", ya sea a la derecha o a la izquierda» (Is 30.21 NTV).

Refiere toda decisión al tribunal del cielo. Como David, puedes pedirle a Dios «inclina a mí tu oído, rescátame pronto» (Sal 31.2 LBLA).

Espera a que Dios hable antes de actuar. Sé paciente. Monitorea tu impulso. «Te haré entender, y te enseñaré el camino en que debes andar; sobre ti fijaré mis ojos» (Sal 32.8). Si sientes en tu corazón que debes revisar algo, préstale atención y pregúntale a Dios otra vez. Esta es la única manera de burlar los engaños del diablo.

Consulta a Dios en todo y...

*Pídele a Dios cosas grandes.* Josué lo hizo. La alianza con los gabaonitas pronto demostró ser problemática. Los otros reyes de Canaán los veían como traidores y se propusieron atacarlos. Cinco ejércitos atacaron al pueblo de Gabaón. Fueron superados en número. Pero como los gabaonitas tenían alianza con Josué, les pidieron ayuda a los hebreos. Y como les había dado su palabra, Josué no tuvo otra opción que acudir a su rescate.

> Y subió Josué de Gilgal, él y todo el pueblo de guerra con él, y todos los hombres valientes. Y Jehová dijo a Josué: No tengas temor de ellos; porque yo los he entregado en tu mano, y ninguno de ellos prevalecerá delante de ti. Y Josué vino a ellos de repente, habiendo subido toda la noche desde Gilgal. (Josué 10.7–9)

Los cinco reyes nunca tuvieron una oportunidad. Aparentemente no esperaban que Josué respondiera con tanto fervor. Huyeron y los hebreos los persiguieron muy de cerca. Y mientras el ejército de Josué rugía detrás de ellos, las nubes comenzaron a rugir encima de ellos. «Grandes piedras de granizo» cayeron del cielo, como en un intenso bombardeo aéreo (v. 11 TLA).

Josué vio el granizo cayendo y anticipó la puesta del sol. Era mediodía. *Necesitamos más tiempo,* pensó. El anochecer les daría a los enemigos una oportunidad para reorganizarse. Si tan solo tuviera unas pocas horas adicionales de luz natural, podría ganar la batalla y asestarles un golpe decisivo. Así que comenzó a orar. Josué no había orado con respecto a los gabaonitas. No cometió el mismo error dos veces.

Ese día en que el Señor entregó a los amorreos en manos de los israelitas, Josué le dijo al Señor en presencia de todo el pueblo:

«Sol, detente en Gabaón,
luna, párate sobre Ayalón».

El sol se detuvo
y la luna se paró,
hasta que Israel
se vengó de sus adversarios.

Esto está escrito en el libro de Jaser. Y, en efecto, el sol se detuvo en el cenit y no se movió de allí por casi un día entero. Nunca antes ni después ha habido un día como aquél; fue el día en que el Señor obedeció la orden de un ser humano. ¡No cabe duda de que el Señor estaba peleando por Israel! Al terminar todo, Josué regresó a Guilgal con todo el ejército israelita. (vv. 12–15 NVI)

Esta fue una oración impresionante y sin precedentes. El narrador, sabiendo que los lectores se sorprenderían ante la historia, hizo referencia al libro de Jaser, un tomo fuera de la Biblia que contiene historia del pueblo hebreo. De hecho, lo que estaba diciendo era: «Si te cuesta trabajo creer esto, entonces búscalo en el libro de Jaser».

El versículo que merece tu marcador es el 14. «El Señor obedeció la orden de un ser humano». Dios, en su providencia, presionó el botón de pausa del sol. Él escogió escuchar y prestar atención a la petición de Josué. ¿Haría él algo similar por nosotros?

Mi amigo Greg Pruett cree que sí. Él tiene educación formal como ingeniero, lingüista y traductor de la Biblia. Sin embargo, su contribución más importante podría ser en el área de la «oración extrema». En su libro, que lleva ese título, Greg cuenta que regresó de Guinea, África occidental, para ocupar el puesto de presidente de Pioneer Bible Translators. Era el año 2008. La gran recesión estaba succionando dólares de la economía y la confianza del público. El cuadro financiero del ministerio indicaba una caída libre hacia la insolvencia. Greg no tenía experiencia dirigiendo un tipo de organización como esta. No había ninguna partida tangible de donde pudiera reducir gastos. Tenían pocos recursos y los donantes estaban desapareciendo.

Greg solo sabía de una respuesta: oración. «Fue entonces cuando comencé a aprender a no orar por mis estrategias, sino a convertir la oración en *la* estrategia».[4]

En julio les escribió una carta de media página a sus compañeros de equipo alrededor del mundo, pidiéndoles que oraran. Les instó a que se presentaran delante del trono de Dios con peticiones específicas y audaces. Y lo hicieron. Greg describió el resultado:

Cuando vi el informe de fin de año, supe que Dios había escuchado nuestras oraciones. Mis ojos se inundaron con lágrimas... Si un experto financiero analizara esta gráfica, pondría su dedo en el mes de julio y diría: «¿Qué hicieron aquí? Lo que sea que haya sido, necesitan hacer mucho más de lo mismo». Busqué en vano una explicación tangible. Quería encontrar tendencias que explicaran cómo lo habíamos hecho, para poder hacerlo otra vez. Nunca las encontré... simplemente sé que [Dios] proveyó. Todo lo que tenía era a Dios y la oración.[5]

Quizás lo único que tienes es a Dios y la oración. Como Josué, enfrentas batallas. Cinco reyes te están amenazando. Desaliento, decepción, derrota, destrucción, muerte. Rugen en tu mundo como una pandilla de Hells Angels en sus motocicletas. Su meta es perseguirte hasta que regreses al desierto.

No cedas ni un poquito. Responde con oración; oración honesta, continua y audaz.

Eres un miembro de la familia de Dios. No te acercas a Dios como un extranjero, sino como heredero. Acércate a su trono confiadamente. Preséntale tus peticiones con fervor no debido a lo que tú has alcanzado sino por lo que Cristo ha hecho. Jesús derramó su sangre por ti. Tú puedes derramar tu corazón ante Dios.

Jesús dijo que si tienes fe, puedes decirle a una montaña que se mueva y salte al mar (Mr 11.23). ¿Qué es tu montaña? ¿Cuál es el reto de tu vida? Pídele ayuda a Dios. ¿Hará él lo que tú quieres? No puedo decirte, pero de algo sí estoy seguro: él hará lo que es mejor.

En el tiempo en que estaba escribiendo este libro, tuve la oportunidad de llevar a Israel a un grupo de quinientas personas. Una mañana, tuvimos un estudio bíblico en los escalones al sur del Monte del Templo. Esta preciada pendiente se conserva muy similar a como era hace dos mil años, cuando Jesús y sus discípulos se reunieron allí. Nuestro grupo se sentó con el sol occidental brillando sobre su hombro izquierdo y el muro del templo a sus espaldas. Detrás de ellos estaba la Cúpula de la Roca, el tercer lugar más sagrado en la fe musulmana.

Para mi lección, escogí una frase de Juan 3.16 (NTV): «único Hijo». Como estábamos sentados donde Jesús se paró, me parecía apropiado considerar la afirmación de Jesús de que él era el único Hijo de Dios. El hecho de que nos sentáramos a la sombra de una mezquita dedicada a Mahoma sin duda acentuaba el contraste.

A unos pocos minutos de haber comenzado el mensaje, una voz comenzó a burlarse de mis palabras. Era una voz estridente y siniestra. Cada vez que yo decía: «único Hijo», la voz repetía: «único Hijo».

Cuando decía el nombre «Jesús», la voz, con un acento marcado, se burlaba: «Jesús». Las interrupciones tenían toda la apariencia de un conflicto espiritual. Cristo siendo proclamado. Cristo siendo burlado. La autoridad de Jesús declarada. La autoridad de Jesús menospreciada.

Sabía que la voz provenía de atrás de la gente. Busqué entre las paredes pero no vi nada. La gente comenzó a voltearse y a tratar de encontrar el origen de la voz, y lo mismo hicieron los guías y el personal de seguridad. Nadie podía identificarla.

Mientras más predicaba, más alto me imitaba la voz. Por temor a admitir la derrota ante esta fuerza extraña, no paré. El segundo punto en mi mensaje era: «Cristo, el único soberano». Aproveché la oportunidad. En lugar de enseñar sobre esto, lo oré y lo proclamé: «Jesús es la autoridad suprema de este lugar, de cualquier lugar y de todo lugar; lo que a propósito, incluye a cualquier demonio, siervos del infierno y al mismo Satanás. ¡Tú no eres bienvenido en esta reunión!». Repetí esta declaración varias veces, hasta que la multitud comenzó a aplaudir y a gritar: «¡Amén!».

Aquella voz de disensión de pronto se calló. Paró como si alguien hubiera movido el interruptor. Terminamos en paz el estudio bíblico. Más tarde le pregunté al guía del grupo si habían encontrado al culpable. «Tratamos», me dijo, «pero no pudimos encontrarlo». El guía no tenía explicación.

Yo sí.

Alguien podría atribuir el silencio del burlón a una coincidencia. Yo no. Lo veo como Providencia. Cuando se proclama la autoridad de Cristo, la obra de Satanás tiene que detenerse. Cualquier fuerza demoniaca tiene que callarse ante la presencia de la verdad.

Y eso incluye cualquier fuerza que esté tratando de sacarte de la Tierra Prometida.

Invoca a Dios. Proclama el nombre de Jesús.

«Pidan, y se les dará» (Mt 7.7 NVI).

«Les aseguro que si ustedes tienen confianza y no dudan del poder de Dios, todo lo que pidan en sus oraciones sucederá» (Mt 21.22 TLA).

Sí, es una batalla, pero no peleas en vano.

Consulta a Dios en todo. Pídele cosas grandes. Y trae un tubo de protector solar adicional, porque el día de la victoria será bien largo.

# 13

## TÚ ERES TÚ

*Josué 11—22*

Nadie tiene tu «tu-ismo». Nadie más en toda la historia tiene tu misma historia. Nadie más en el maravilloso diseño de Dios tiene tu diseño divino. Nadie más comparte tu mezcla de personalidad, capacidad y ascendencia. Cuando Dios te hizo, los ángeles se quedaron perplejos y declararon: «Nunca antes hemos visto uno como ese». Y nunca lo verán.

Eres el intento inicial y último del cielo para crear a alguien como tú. Eres inimitable, inigualable y sin precedente.

Por consiguiente, puedes hacer algo que nadie más en ninguna manera puede hacerlo.

Otros pueden manejar un equipo, pero no con tu estilo. Otros pueden cocinar una cena, pero no con tu toque especial. Otros pueden enseñar a niños, contar historias, volar aviones. No eres la única persona con tu destreza. Pero eres la única versión con tu versión de tu destreza. Llegaste al mundo singularmente equipado. Fuiste «[creado] [...] [entretejido] [...] en la oscuridad de la matriz» (Sal 139.13, 15 NTV). Entretejido, como bordado con hilos de colores distintos.

Llámalo como quieras. Un talento. Un conjunto de cualidades. Un don. Una unción. Una chispa divina. Un llamado. Los términos son distintos, pero la verdad es la misma: «A cada uno se le da una manifestación especial del Espíritu para el bien de los demás» (1 Co 12.7 NVI).

*A cada uno...* no a algunos, no a unos poco ni a una elite entre nosotros. Cada uno de nosotros tiene una *manifestación especial*, una facilidad, una fortaleza natural, una tendencia o una inclinación. Una belleza que anhela ser revelada y manifestada. Un roble dentro de la bellota, que presiona las paredes de su cáscara. Esta «manifestación especial» siente rápidamente el viento en sus espaldas. Es la tarea para la que eres el más adecuado.

Este es tu destino. Esta es la mejor versión de ti. Cuando te paras en la intersección entre tu capacidad y el llamado de Dios, te estás parando en la esquina de la Avenida Tierra Prometida y el Bulevar Días de Gloria. Esto es Canaán.

Mucha gente se detiene antes de su destino. Se conforman con la historia de otro. «Abuelo era carnicero, papá era carnicero, así que supongo que yo seré carnicero». «Toda la gente que conozco está en la agricultura, así que supongo que debo cultivar la tierra». Por consiguiente, se arriesgan a vivir vidas insípidas, tristes y de poco provecho. Nunca cantan la canción que Dios escribió para sus voces. Nunca cruzan la meta con los brazos extendidos hacia el cielo y declarando: «¡Fui creado para hacer esto!».

Se ajustan, se adaptan y se entremezclan. Pero nunca encuentran su llamado. No cometas el mismo error.

«Nosotros somos creación de Dios. Por nuestra unión con Jesucristo, nos creó para que vivamos haciendo el bien, lo cual Dios ya había planeado desde antes» (Ef 2.10 TLA). Tu existencia no es accidental. Tus capacidades no son incidentales. Dios «formó el corazón de todos» (Sal 33.15 NVI).

---

La unicidad es un mensaje importante en la Biblia. Y —tal vez esto te sorprenda— es un mensaje relevante en el libro de Josué. De hecho, se podría argumentar que la mayoría de sus capítulos favorece una orden: conoce tu territorio y conquístalo.

La meta principal de Josué era establecer a Israel en Canaán, y para lograrlo tenía que conquistar la tierra, neutralizar los ejércitos del enemigo y eliminar las sedes de autoridad más importantes. La lista de reyes conquistados en el capítulo 12 proclama: la tierra fue conquistada. El resto del libro presiona: ahora ocupa la tierra. Cada tribu recibió un territorio particular o una asignación.

La herencia fue para todos. Todos los hebreos fueron bienvenidos a Canaán: el viejo, el joven, el débil, el fuerte. La herencia era universal.

Sin embargo, las asignaciones eran individuales, y aparecen explicadas en detalle en Josué 13–21. Si esta noche no puedes conciliar el sueño, lee estos capítulos. El libro pasa de ser una novela de acción a un estudio de la tierra. Estas páginas son una lectura monótona a menos que, por supuesto, te corresponda algo de la herencia.

Y como todos los israelitas iban a recibir alguna herencia, todos se mantuvieron alerta mientras Josué asignaba el territorio. A cada tribu se le dijo que diera un paso al frente. Rubén, Gad, Manasés... Cada territorio era diferente. La parcela de Judá era grande y céntrica. La de Dan era más pequeña y costera. Hasta las asignaciones fueron únicas. A la tribu de Leví no le fue concedida tierra, sino a Dios mismo como su herencia. Su papel era dirigir la adoración y enseñar la tora.

El mensaje general fue este: nadie recibe todo. Pero todos reciben algo. Expulsa a los enemigos que quedan. Establece tus granjas. Cultiva tus campos. Encuentra tu lote en la vida y habítalo.

Josué no fue el único comandante en distribuir el territorio. Jesús reparte dones que también son únicos. El apóstol Pablo lo explica de esta manera: «[Dios] nos ha dado a cada uno de nosotros un don especial mediante la generosidad de Cristo. Por eso, las Escrituras dicen: "Cuando ascendió a las alturas, se llevó a una multitud de cautivos y dio dones a su pueblo"» (Ef 4.7–8 NTV). El apóstol estaba usando la metáfora de un rey victorioso. En los días de Pablo, era común que un monarca conquistador regresara a su palacio trayendo consigo prisioneros y tesoros. Celebraba su conquista haciéndole regalos a su pueblo.

Lo mismo hizo Jesús. Luego de vencer el pecado y la muerte en la cruz, ascendió al cielo, tomó su lugar legítimo a la derecha de Dios y «dio dones a su pueblo».

¡Qué pensamiento encantador! Jesús, eternamente coronado, distribuyendo capacidades y destrezas. «Los reinos del mundo han venido a ser de nuestro Señor y de su Cristo; y él reinará por los siglos de los siglos» (Ap 11.15).

Josué dijo:

«Tribu de Judá, toma las tierras altas».
«Manasés, ocupa los valles»
«Pueblo de Gad, habita la tierra al este del Jordán».

Jesús dice:

«José, toma tu lugar en el campo de la medicina».
«María, tu territorio es la contabilidad».
«Susana, te doy el don de la compasión. Ahora, ocupa tu territorio».

Todo el mundo recibe un don. Y estos dones vienen en dosis y combinaciones distintas. «A cada uno de nosotros se nos da un don espiritual para que nos ayudemos mutuamente» (1 Co 12.7 NTV).

---

Nuestra herencia está basada en la gracia y se divide en partes iguales. Pero nuestras misiones están hechas a la medida. No existen dos copos de nieve iguales. No hay dos huellas digitales iguales. ¿Por qué dos sets de capacidades tendrían que ser iguales? Por eso Pablo dice: «No sean tontos, sino traten de averiguar qué es lo que Dios quiere que hagan» (Ef 5.17 TLA).

¿Entiendes lo que tu Amo desea? ¿Sabes qué hace que tú seas tú? ¿Has identificado las características que te distinguen de cualquier otro ser humano que haya respirado oxígeno?

Tienes muchas hectáreas para desarrollar, un lote en la vida. «Así que, cada uno someta a prueba su propia obra, y entonces tendrá motivo de gloriarse sólo respecto de sí mismo, y no en otro» (Gá 6.4).

Tú eres tú. No existe nadie como tú. Piensa en un salón de clases lleno de estudiantes, un día cualquiera y en cualquier escuela. Diez de los veinticinco estudiantes están luchando para mantenerse despiertos. Otros diez están despiertos, pero están listos para salir. Cinco estudiantes no solo están despiertos, sino que no quieren que la clase termine. Y quizás hacen cosas raras como tareas adicionales o tutorías. ¿Cuál de estas clases te resulta intrigante?

«¿Has recibido *el don* de ayudar a otros? Ayúdalos con toda la fuerza y la energía que Dios te da» (1 P 4.11 NTV). El don revela destino. ¿Cuál es tu don? ¿Qué haces bien? ¿Qué te pide la gente que hagas una y otra vez? ¿Qué tarea te resulta fácil? ¿Qué tema capta tu atención?

Tu conjunto de destrezas es tu guía. Esto te conduce a tu territorio. Toma nota de tus fortalezas. Ellas son las marcas en el camino que te dirigirán a la salida del desierto. Dios te ama demasiado como para darte la tarea y no las destrezas. Identifica las tuyas.

Lo que haces para ganarte la vida debe ajustarse a tu diseño. Pocas situaciones son tan lamentables como un trabajo que no te gusta hacer. Sin embargo, hay pocos males que sean tan comunes como este. Un estudio reveló que solo el trece por ciento de todos los trabajadores dice que su trabajo es realmente cautivador.[1] ¡Con razón la gente se ve tan malhumorada cuando va camino al trabajo! Casi nueve de cada diez de ellos no quieren ir a trabajar. Imagina el impacto que esta infelicidad tiene en la salud, en la familia y en el desempeño. Si una persona pasa cuarenta horas o más arrastrando los pies en un trabajo que no le interesa o no le gusta, ¿qué ocurre?

Encuentra algo que te guste hacer, y hazlo tan bien que la gente te pague por hacerlo. Durante veinte años fui el pastor principal de nuestra iglesia. Estaba involucrado en todo: presupuestos, asuntos de personal, planta física, contratación y despidos. Era feliz haciendo mi trabajo. Sin embargo, me sentía más feliz predicando y escribiendo. Mi mente siempre gravitaba hacia el siguiente sermón, la siguiente serie de estudio. Aun durante las reuniones de comités, *especialmente* durante las reuniones, de comités, me pasaba escribiendo garabatos para el siguiente mensaje.

A medida que la iglesia fue creciendo en número, también aumentó el personal. Más personal implicaba más gente que tenía que supervisar. Y tener más personas para supervisar significaba pasar más tiempo haciendo lo que no sentía que era mi llamado.

Poco a poco me estaba convirtiendo en uno entre el ochenta y siete por ciento de los gruñones.

Tuve la bendición de contar con opciones. Y fui igualmente bendecido por tener una iglesia que me proveyó flexibilidad. Pude hacer la transición de pastor principal a pastor docente.

Cuando me convertí en pastor docente, unas cuantas personas quedaron desconcertadas.

«¿No extrañas ser el pastor principal?».

Traducción: ¿no te habrán rebajado de categoría? En momentos previos en mi vida, habría pensado que era así. Sin embargo, ahora entiendo cómo Dios define una promoción: para él, no es subir un peldaño en la escalera; es acercarte más a tu llamado. No permitas que alguien te «promueva» alejándote de tu llamado.

Busca maneras de alinear tu trabajo con tus destrezas. Esto tal vez tome tiempo. Quizás requiera varias conversaciones con tu jefe. Puede tomar algo de prueba y error... pero no te rindas. No todo el que toca tuba tiene las destrezas para dirigir la orquesta. Si puedes, entonces hazlo. Si no, entonces toca la tuba con todo tu corazón y deleite.

«Te aconsejo que avives el fuego del don de Dios que está *en ti*» (2 Ti 1.6, cursivas del autor).

Tú eres tú. No seas tus padres ni tus abuelos. Puedes admirarles, apreciarles y aprender de ellos. Pero no puedes ser ellos. No eres ellos. «Presta mucha atención a tu propio trabajo, porque entonces obtendrás la satisfacción de haber hecho bien tu labor y no tendrás que compararte con nadie. Pues cada uno es responsable de su propia conducta» (Gá 6.4–5 NTV).

Jesús insistió mucho en esto. Luego de la resurrección, se le apareció a algunos de sus seguidores. Le dio a Pedro una misión pastoral específica que incluía un gran sacrificio. El apóstol respondió señalando a Juan y diciendo: «"Señor, ¿qué va a pasar con éste?". Jesús le contestó: "Si yo quiero que él viva hasta que yo regrese, ¿qué te importa a ti? Tú sígueme"» (Jn 21.21–22 TLA). En otras palabras, no te preocupes por la misión de otra persona; mantente enfocado en la tuya.

Un niño llamado Andrés quería ser como su amigo Roberto. A Andrés le gustaba mucho la manera en que Roberto caminaba y hablaba. Sin embargo, Roberto quería ser como Carlos. Había algo en el acento y la forma de andar de Carlos que le intrigaba. A Carlos, por su parte, le impresionaba Daniel. Carlos quería lucir y sonar como Daniel. Y Daniel, imagínense, también tenía un héroe: Andrés. Él quería solo ser como Andrés.

Así que Andrés estaba imitando a Roberto, quien estaba imitando a Carlos, quien estaba imitando a Daniel, quien estaba imitando a Andrés.

Resulta que todo lo que Andrés tenía que hacer era ser él mismo.[2]

Mantente en tu propio carril. Corre tu propia carrera. Nada bueno ocurre cuando comparas y compites. Dios no te juzga según los talentos de otros. Te juzga de acuerdo a los tuyos. Su criterio para medir fidelidad es cuán fiel eres con tus propios dones. No eres responsable por la naturaleza de tu don. Sin embargo, sí eres responsable por la forma en que lo usas.

No seas como los hebreos. Me gustaría decir que cada tribu se apresuró a ocupar su territorio, que expulsó a sus habitantes y sacó provecho de cada hectárea de su tierra. No lo hicieron. En algunos casos, las tribus no expulsaron a los enemigos:

«Pero los israelitas no expulsaron de su territorio a los habitantes de Guesur y Macá» (Jos 13.13 NVI).

«No arrojaron al cananeo que habitaba en Gezer» (16.10).

«Mas [...] no pudieron arrojar a los de aquellas ciudades; y el cananeo persistió en habitar en aquella tierra» (17.12).

Tu enemigo, el diablo, también persistirá para quedarse en tu tierra. Tienes que expulsarlo. Te seducirá con pensamientos de avaricia, poder o celos. Mantente alerta.

Otras tribus no fueron víctimas de los cananeos, pero sí de su propia pereza. Mucho tiempo después de que Josué hubo distribuido el territorio, siete de las tribus todavía estaban en el campamento militar. Josué tuvo que regañarlos, diciéndoles. «¿Hasta cuándo van a esperar para tomar posesión del territorio que les otorgó el SEÑOR, Dios de sus antepasados?» (18.3 NVI).

¿Cómo explicamos su negligencia? Ellos salieron del desierto y conquistaron la tierra. Sin embargo, cuando llegó el momento de ocupar la porción de tierra que se les había asignado, se volvieron unos perezosos.

No cometas tú el mismo error. Eres heredero con Cristo de los bienes de Dios. Él ha puesto su Espíritu en tu corazón como la cuota inicial. Lo que Dios le dijo a Josué, te lo repite a ti: «Yo les entregaré todo territorio donde pongan el pie, tal como se lo prometí a Moisés» (1.3 TLA).

Pero tienes que tomar posesión de él. Tienes que disponerte a recibir lo que Dios te da con tanta gracia.

Todo lo que necesitas para entrar en tu Tierra Prometida es caminar en fe. ¡Así que vamos, camina! ¡Marcha adelante! Encuentra la porción que te pertenece en la vida y pásate, de una vez por todas, a vivir en ella.

Tú eres tú.

# UNA MENTE EMPAPADA EN DIOS

*Josué 14.6—15*

Nunca tendrás una vida libre de problemas. Nunca te quedarás dormido cobijado bajo las alas de este pensamiento: *¡Caray! Mi día llegó y se fue y no tuve ningún problema*. Nunca encontrarás este titular en el periódico: «Hoy solo tenemos buenas noticias».

Tal vez te elijan presidente de Rusia. O descubras una manera de enviar pizza por correo electrónico y te conviertas en billonario. Puede que te llamen de las gradas como bateador sustituto cuando tu equipo está perdiendo y solo falta un *out* en la Serie Mundial, y entonces conectes un jonrón y tu retrato aparezca en la portada de *Sports Illustrated*.

O los cerdos puedan volar.

O los canguros puedan nadar.

O tal vez los hombres terminen por soltar el control remoto.

Quizás las mujeres dejen de comprarse carteras.

Poco probable. Pero es posible.

¿Pero una travesía de vida sin problemas, sin complicaciones y con cielo azul?

No aguantes la respiración.

Los problemas ocurren. Le ocurren a gente rica, a gente atractiva, a gente educada, a gente sofisticada. Les ocurren a personas retiradas, solteras, espirituales y seculares.

Todo el mundo tiene problemas.

Pero no todo el mundo ve los problemas de la misma manera. Hay quienes se dejan vencer por ellos. Otros los vencen. Algunos terminan amargados. Otros sienten que han salido ganando. Algunos enfrentan sus retos con miedo. Otros con fe.

Este último fue el caso de Caleb.

Su historia se destaca porque su fe se destacó. Cuarenta y cinco años antes, cuando Moisés envió a los doce espías a Canaán, Caleb era uno de ellos. Él y Josué creyeron que la tierra podía ser conquistada. Sin embargo, como los otros diez no estuvieron de acuerdo, los hijos de Israel terminaron en el desierto. Sin embargo, Dios tomó nota del valor de Caleb. Sus convicciones eran tan sorprendentes que Dios le hizo un elogio que haría sonrojar a un santo. «Mi siervo Caleb ha tenido un espíritu diferente y me ha obedecido fielmente» (Nm 14.24 DHH). ¿Qué te parecería tener esas palabras en tu currículum vítae? ¿Qué tipo de espíritu capta la atención de Dios? ¿Qué califica como un «espíritu diferente»?

Las respuestas comienzan a surgir durante la distribución de las tierras al oeste del Jordán.

«Y los hijos de Judá vinieron a Josué en Gilgal» (Jos 14.6). Cada tribu tenía su representante. Todos los sacerdotes, los soldados y el pueblo se reunieron cerca del tabernáculo. Eleazar, el sacerdote, tenía dos urnas: una contenía los nombres de las tribus y la otra el nombre de los territorios.[1] Sin embargo, antes de que el pueblo recibiera su herencia, tenía que cumplirse una promesa.

Y Caleb, hijo de Jefone cenezeo, le dijo: Tú sabes lo que Jehová dijo a Moisés, varón de Dios, en Cades-barnea, tocante a mí y a ti. (v. 6)

Estoy visualizando a un hombre robusto y musculoso. Entonces Caleb, con su pelo gris y un gran corazón, da un paso al frente. Tiene un resorte en su paso, un brillo en su mirada y una promesa que cobrar. «Josué, ¿recuerdas lo que Moisés nos dijo a ti y a mí en Cades-barnea?».

Cades-barnea. El nombre agitó a Josué y lo hizo recordar algo que sucedió cuarenta y cinco años atrás. Fue desde ese campamento que Moisés envió a doce espías, y fue en ese campamento que Moisés escuchó dos informes distintos.

Los doce hombres estuvieron de acuerdo acerca del valor de la tierra. De ella fluía leche y miel. Los doce estuvieron de acuerdo en la descripción de la gente y de las ciudades. Enormes y fortificadas. Sin embargo, solo Josué y Caleb creyeron que la tierra podía ser conquistada.

Lee cuidadosamente las palabras que Caleb le dijo a Josué al final de la campaña militar. Trata de detectar lo que era diferente acerca del espíritu de Caleb. (Te ofrezco a continuación una pista, en itálicas).

Caleb [...] le dijo [a Josué]: Tú sabes lo que *Jehová* dijo a Moisés, varón de Dios, en Cades-barnea, tocante a mí y a ti. Yo era de edad de cuarenta años cuando Moisés siervo de *Jehová* me envió de Cades-barnea a reconocer la tierra; y yo le traje noticias como lo sentía en mi corazón. Y mis hermanos, los que habían subido conmigo, hicieron desfallecer el corazón del pueblo; pero yo cumplí siguiendo a *Jehová* mi Dios. Entonces Moisés juró diciendo: Ciertamente la tierra que holló tu pie será para ti, y para tus hijos en herencia perpetua, por cuanto cumpliste siguiendo a *Jehová* mi Dios. Ahora bien, *Jehová* me ha hecho vivir, como él dijo, estos cuarenta y cinco años, desde el tiempo que *Jehová* habló estas palabras a Moisés, cuando Israel andaba por el desierto; y ahora, he aquí, hoy soy de edad de ochenta y cinco años. Todavía estoy tan fuerte como el día que Moisés me envió; cual era mi fuerza entonces, tal es ahora mi fuerza para la guerra, y para salir y para entrar. Dame, pues, ahora este monte, del cual habló *Jehová* aquel día; porque tú oíste en aquel día que los anaceos están allí, y que hay ciudades grandes y fortificadas. Quizá *Jehová* estará conmigo, y los echaré, como *Jehová* ha dicho. (vv. 6–12, cursivas agregadas)

¿Qué nombre aparece y reaparece en las palabras de Caleb? Jehová. Jehová. Jehová. Jehová. Jehová. Jehová. Jehová. Jehová. Jehová. ¡Nueve referencias a Jehová! ¿Quién estaba en la mente de Caleb? ¿Quién estaba en el corazón de Caleb? ¿Qué causó que tuviera un espíritu diferente? Él centró su mente en Jehová.

¿Qué haces tú? ¿Qué énfasis revelaría una transcripción de tus pensamientos? ¿Jehová? ¿O el problema, el problema, el problema, el problema? ¿La economía, la economía? ¿El imbécil, el imbécil?

La gente de la Tierra Prometida no niega la presencia de problemas. Canaán está lleno de gigantes y muchos Jericó. No hace nada bien el pretender que no es así. Los siervos como Caleb no son ingenuos; sin embargo, ellos sumergen sus mentes en los pensamientos de Dios.

Piensa en dos cacerolas. Una contiene agua fresca y limpia. La segunda contiene ácido de batería. Toma una manzana y córtala en dos. Coloca una mitad de la manzana en la cacerola con agua limpia. Coloca la otra mitad en la cacerola con ácido de batería. Déjalas ahí por cinco minutos y luego saca las dos mitades. ¿Cuál te comerías?

Tu mente es la manzana. Dios es el agua buena. Los problemas son el ácido de batería. Si sumerges tu mente en tus problemas, en algún momento tus pensamientos se van a corroer y a corromper. Sin embargo, los pensamientos de Dios preservarán y refrescarán tus actitudes. Caleb era diferente porque empapó su mente con la de Dios.

El salmista nos enseñó cómo hacer esto. Preguntó: «¿Por qué te abates, oh alma mía, y te turbas dentro de mí?» (Sal 42.5). Él se sentía triste y desanimado. Las luchas de la vida amenazaban con tumbarlo y cobrar otra víctima. No obstante, justo en el momento preciso, el escritor tomó esta decisión: «Espera en Dios; porque aún he de alabarle [...] Me acordaré, por tanto, de ti desde la tierra del Jordán, y de los hermonitas, desde el monte de Mizar» (vv. 5–6). Hay resolución en esas palabras. «Por tanto [...] me acordaré». El escritor tomó la decisión deliberada de tratar su alma abatida con pensamientos de Dios. *Adondequiera que vaya, me acordaré de ti: desde el Jordán, hasta Hermón, hasta Mizar.*

En tu caso, el versículo podría leerse así: «Desde la Unidad de Cuidados Intensivos hasta el cementerio, hasta la fila de desempleo, hasta los tribunales, me acordaré de ti».

Nada de esto es fácil. Los problemas nos azotan como la lluvia en una tormenta. Encontrar a Dios en medio de las nubes te exigirá hacer acopio hasta la última gota de disciplina que puedas reunir. Sin embargo, el resultado bien vale el esfuerzo.

Además, ¿te gustaría realmente meditar en tu miseria? ¿Crees que recitar tus problemas te convertirá en una mejor persona? No. Sin embargo, sí lo hará el cambiar tu mentalidad.

«Así que no se angustien ni tengan miedo» (Jn 14.27 NTV). En cambio, *sumerge tu mente en los pensamientos de Dios.*

Cuando nos llegan los problemas, podemos estresarnos y molestarnos, o podemos confiar en Dios. Caleb pudo haber maldecido a Dios. Él no merecía el desierto. Tuvo que ponerle una pausa de cuatro décadas a su sueño. Aun así, no se quejó ni se amargó. Cuando llegó el momento de heredar su propiedad, dio un paso al frente con una mente empapada de Dios para recibirla.

«Concentren su atención en las cosas de arriba, no en las de la tierra» (Col 3.2 NVI). Cuando los gigantes habiten la tierra, cuando las dudas invadan tu mente, vuelve tus pensamientos a Dios. Tus mejores pensamientos son los pensamientos de Dios.

¡Él está por encima de todo este lío!

Él es el «Altísimo sobre toda la tierra» (Sal 83.18).

Moisés afirmó: «¿Quién, SEÑOR, se te compara entre los dioses? ¿Quién se te compara en grandeza y santidad?» (Éx 15.11 NVI).

El salmista preguntó: «Pues, ¿quién se compara con el SEÑOR en todo el cielo? ¿Qué ángel poderosísimo se asemeja en algo al SEÑOR?» (Sal 89.6 NTV).

Isaías escribió: «Santo, santo, santo, Jehová de los ejércitos; toda la tierra está llena de su gloria» (Is 6.3). Dios no es solo santo ni santo, santo; él es santo, santo, santo. Enteramente, no como nosotros.

El dolor no lo aflige.

La economía no lo perturba.

El clima no le estorba.

Las elecciones no lo definen.

Las enfermedades no lo contagian.

La muerte no puede reclamarlo.

Él tiene recursos que nosotros no tenemos; sabiduría que no podemos imaginar. Y él «es poderoso para hacer todas las cosas mucho más abundantemente de lo que pedimos o entendemos» (Ef 3.20).

Mira menos a la montaña y más a Aquel que mueve la montaña. Medita en la santidad de Dios. Deja que su esplendor te maraville y te inspire. Y...

*No escuches a los que dudan.* Ignora a los pesimistas. Cubre tus oídos cuando ellos hablen. La gente tiene el derecho a decir lo que quiera. Y tú tienes el derecho a ignorarlos. El que alguien esté entonando canciones tristes no significa que tengas que unirte al coro.

Caleb y Josué eran dos contra diez; pero aun así creyeron en el poder de Dios. «Y mis hermanos, los que habían subido conmigo, hicieron desfallecer el corazón del pueblo; pero yo cumplí siguiendo a Jehová mi Dios» (Jos 14.8). Caleb decidió ignorar a los diez que dudaban, y creyó de todos modos.

Sigamos el ejemplo de Caleb. No prestes atención a la incredulidad mortal de los cínicos.

Esto no es un permiso para gastar groserías o para aislarse. Cuando la gente exprese sus luchas o preguntas sinceras, ayúdalos. Sin embargo, habrá quienes no quieran que se les ayude. Prefieren el desierto. Les gusta merodear en la miseria, fabricar infelicidad y rechazar el crecimiento. Estas personas prefieren hacerte caer que permitir que los ayudes a levantarse. No dejes que lo hagan. No te entretengas con los buitres. Ellos comen muerte y la vomitan sobre todo aquel que los escuche. No dejes que vomiten sobre ti.

Caleb no lo permitió. Caleb llenó su mente con fe y asumió un reto del tamaño de Dios.

Cuando Moisés envió a Caleb para que espiara la tierra, Caleb vio algo que lo inquietó. La ciudad de Hebrón. Hebrón ocupa un lugar especial en la historia de los hebreos. Fue el único pedazo de tierra que perteneció a Abraham. Abraham enterró allí a su esposa. A él lo enterraron allí. Y también a Isaac, a Rebeca y a Jacob.

Hebrón era un lugar santo.

Sin embargo, el día que Caleb lo vio por primera vez, el monte santo estaba habitado por gente impía. Y esta ocupación lo molestó. ¿Ver que la tumba de Abraham era ignorada y no era respetada? Aquello era más de lo que podía aguantar.

Así que le pidió a Moisés que le diera Hebrón.

Él no pidió Jerusalén, que estaba en una posición privilegiada sobre el monte Moriah. No pidió el valle de Escol, donde las uvas crecían tan grandes como ciruelas. No habló ni de Jericó ni del Jordán. Él quería Hebrón. Hebrón, donde Abraham había dormido debajo de sus robles.

Cuyo suelo conocía la visitación de ángeles. Cuya tierra custodiaba las tumbas de la familia más sagrada.

Caleb, el hombre con un espíritu diferente, tenía un deseo escondido. «Solo entrégame la ciudad de Hebrón; y yo me encargaré de ella». Moisés llevó ante Dios la petición. Dios respondió y le dio la tierra a Caleb. Y cuarenta y cinco años más tarde, a la edad de ochenta y cinco años, el viejo soldado estaba listo para ocupar Hebrón. «Dame, pues, ahora este monte, del cual habló Jehová aquel día» (14.12).

El último avistamiento de Caleb lo coloca con su rostro hacia Hebrón, donde hizo lo que había prometido hacer. Persiguió al enemigo y reclamó la ciudad.

Caleb quería hacer algo extraordinario para Dios. Él vivió con un llamado más alto.

¿Cuán alto es el tuyo? Tal vez la razón por la que tus problemas se sienten tan grandes es porque tu causa es muy pequeña.

Quizás necesitas *centrar tu mente en una causa santa.*

Tengo un amigo que da viajes misioneros médicos regulares a una remota clínica en la jungla para atender a personas necesitadas. Es un cirujano retirado con un ingreso más que suficiente, lo que le permitiría pasar el resto de su vida viviendo holgadamente y con todo lujo. Sin embargo, apoya la clínica de salud por su propio bien. «Necesito una causa que sea más alta que la televisión por cable y los Cadillacs», me dijo. «Si me enfoco en mi bienestar, nada me satisface. Sin embargo, cuando me enfoco en las preocupaciones de Dios, soy un hombre feliz». Mi amigo funciona con una mente empapada en Dios.

Si tus problemas son grandes, entonces tu causa es muy pequeña. Cuando tu causa es grande, los problemas comienzan a achicarse.

¿Tienes una causa santa? ¿Una fe que valga la pena proteger? ¿Una misión por la que valga la pena vivir? Pídele a Dios que te dé un Hebrón que puedas reclamar para su gloria. Un orfanato donde puedas servir. Un vecino al que puedas alentar. Una familia necesitada que puedas alimentar. Una clase para enseñar. Algunos ancianos que puedas animar. Realmente sí es mejor dar que recibir. En el reino de Cristo ganamos al dar, no al tomar. Crecemos al ayudar, no al lastimar. Avanzamos sirviendo, no exigiendo. ¿Quieres ver cómo tus problemas se evaporan? Ayuda a otros con los de ellos.

Siempre enfrentarás problemas. Pero no tienes que enfrentarlos de la misma manera. En cambio:

Sumerge tu mente en los pensamientos de Dios.

No escuches a los que dudan.

Centra tu mente en una causa santa.

Una vez encuentras tu montaña, no hay gigante que pueda detenerte, ni edad que pueda descalificarte, ni problemas que te derroten. Después de todo, tú y Caleb tienen algo en común. Tienes un espíritu diferente.

Eres una persona de la Tierra Prometida.

# 15

## PALABRAS QUE NO FALLAN

*Josué 21.43–45*

Estaba cómodamente sentado en la fila de salida de emergencia del avión, cuando un pasajero que se aproximaba por el pasillo me llamó por mi nombre. Era un hombre alto, cabello claro, que parecía tener unos cincuenta años y que estaba en viaje de negocios. Se presentó. Debido al caos durante el proceso de abordaje del avión, no pudimos hablar mucho. Pero esto sí lo escuché. Él me había escuchado hablar años antes, apreciaba mis libros y le gustaría conversar conmigo algún día.

Le devolví el saludo y me acomodé para el viaje. Como una hora más tarde, sentí un toquecito en mi hombro. Me volteé. Era el caballero que me había saludado en el pasillo. Había garabateado un mensaje en una servilleta y me la entregó.

Max,

Seis veranos atrás, Lynne y yo enterramos a nuestra hija de veinticuatro años. Esto ocurrió luego de un accidente en un lago y dos semanas sosteniendo su vida artificialmente. Jamás hubiéramos esperado algo como esto. ¿Cómo sales en unas vacaciones de verano con cuatro hijos y regresas a casa con tres?

Nuestras amistades, algunas de las cuales también han enterrado a sus preciosos hijos, le ofrecieron mucho apoyo a nuestra familia. Un abogado de campo con su mensaje alentador de que «Dios quiere nuestro bien, no nuestro mal» fue una de esas voces alentadoras. A mí y a Lynne nos regalaron varios de sus libros...

Oramos por un milagro. Deseaba que nuestra hija fuera hecha nueva, que su sonrisa y resplandor fueran restaurados. El desconectarla de las máquinas que la mantenían con vida fue difícil, muy difícil. Aunque la decisión fue dolorosa, estábamos seguros de que estábamos haciendo lo correcto, dejándola en los brazos de un Dios poderoso. Él conocía nuestro dolor.

Tal vez su mejor obra no habría sido el restaurar a Erin a esta vida, sino su ayuda para que Lynne y yo le permitiéramos tenerla otra vez. Él hizo a nuestra hija mejor que nueva. Él restauró a mi Erin a su presencia eterna. ¡Esa es su mejor obra!

Esto no era una esperanza liviana. Era una certeza: «Permítanme tener a su Erin. Ahora es mía».

Los hijos de Dios reflejando la naturaleza misma de Dios se convirtieron en su presencia alrededor de nosotros. Nuestra fe nos está ayudando a atravesar todo esto.

La fe es una decisión.[1]

Leí varias veces el testimonio en aquella servilleta. Quería saber cómo se hace esto. Cómo un padre entierra a una hija y cree, cree tan profundamente que Dios quiere su bienestar y no dañarlo, que Dios ha recibido a su hija en sus brazos amorosos, que Dios hizo su mejor obra en corazones llenos de tristeza. La servilleta pudo haber llevado un mensaje diferente. Uno de rabia y amargura. Uno de desilusión y desesperanza. Uno lleno de dolor, y hasta de odio, hacia Dios. ¿Qué hizo que este mensaje fuera distinto?

Sencillo. Este padre afligido cree las promesas de Dios. «La fe es una decisión», concluyó.

Y así es.

Y la gente de la Tierra Prometida se arriesga a decidir. Cuando son obligados a pararse en la encrucijada entre creer y dudar, siempre deciden creer. Colocan un paso decidido frente al otro y siguen marchando por el sendero de la fe. Rara vez con una omisión, usualmente cojeando. Toman la decisión conscientes de acercarse a Dios, de apoyarse en la esperanza, de prestar atención a la llamada del cielo. Se entregan a las promesas de Dios.

La historia de Josué nos insta a hacer algo así. De hecho, alguien podría argumentar que el mensaje principal del libro es este titular: «Dios cumple sus promesas. Confía en él».

De esta manera dio Jehová a Israel toda la tierra que había jurado dar a sus padres, y la poseyeron y habitaron en ella. Y Jehová les dio reposo alrededor, conforme a todo lo que había jurado a sus padres; y ninguno de todos sus enemigos pudo hacerles frente, porque Jehová entregó en sus manos a todos sus enemigos. No faltó palabra de todas las buenas promesas que Jehová había hecho a la casa de Israel; todo se cumplió. (Jos 21.43–45)

Estos tres versículos son el corazón teológico del libro de Josué. Suenan como trompetas al final de la narración. «¡No te pierdas esto! Todo el mundo preste atención. ¡Dios cumple su Palabra!». El escritor hace resonar el mensaje en triplicado. Declara tres veces en tres versículos: *Dios hizo lo que dijo que haría*.

1. «Dio Jehová [...] toda la tierra que había jurado dar» (v. 43).
2. «Jehová les dio [...] todo lo que había jurado a sus padres» (v. 44).

3. «No faltó palabra de todas las buenas promesas que Jehová había hecho [...] todo se cumplió» (v. 45).

Un comentarista quedó tan impresionado por esa última afirmación que tituló su estudio sobre Josué *No Falling Words* [Sin palabras que fallan].[2]

Vivimos en un mundo falto de palabra. Promesas rotas. Votos huecos. Promesas que se ofrecen y luego se retractan. Garantías que se ofrecen y luego se ignoran. Se pronuncian con gran fanfarria. «Siempre te amaré». «Cuenta con que reconoceremos el buen trabajo». «Hasta que la muerte nos separe».

Sin embargo, las palabras tienden a desplomarse. Son como hojas de otoño en el viento de noviembre. Pero nunca las escucharás de Dios. En un mundo donde las palabras fallan, las palabras de él permanecen. En una vida de promesas rotas, él cumple la suya. «Las palabras del SEÑOR son puras, son como la plata refinada, siete veces purificada en el crisol» (Sal 12.6 NVI).

Dios es un Dios guardapactos.

¿Quieres pruebas? El narrador nos pide que miremos la historia. «De esta manera dio Jehová a Israel toda la tierra que había jurado dar a sus padres» (Jos 21.43). Específicamente, Dios le dio a Abraham una promesa. «Y apareció Jehová a Abram, y le dijo: A tu descendencia daré esta tierra» (Gn 12.7).

¡Eso ocurrió seiscientos años antes! ¿Quién creyó que pasaría? Cuando Abraham murió, la única tierra que poseía era el lote de cementerio de Sara. Sus descendientes eran, en el mejor de los casos, aparceros; y en el peor, esclavos en Egipto durante cuatro siglos. Moisés les llevó cerca, pero no hasta Canaán.

¿Cuántos hijos de Abraham, canosos y con barba, habrán elevado sus ojos a las estrellas y orado: *Dios, ¿cumplirás tu promesa?*

La respuesta que encontramos en las páginas del libro de Josué es sí.

Dios prometió bendecir a Abraham y a través de la semilla de Abraham a todas las naciones de la tierra. «Y haré de ti una nación grande, y te bendeciré, y engrandeceré tu nombre, y serás bendición. Bendeciré a los que te bendijeren, y a los que te maldijeren maldeciré; y serán benditas en ti todas las familias de la tierra» (Gn 12.2–3). Esta fue la promesa cumplida parcialmente en Josué. Y esta es la promesa cumplida completamente en Jesús. En él todas las naciones son benditas. En Jesús toda persona tiene esperanza y la posibilidad de redención. Con razón el apóstol Pablo escribió: «Todas las promesas que ha hecho Dios son "sí" en Cristo» (2 Co 1.20 NVI).

Nuestro Dios es un Dios guardapromesas. Es posible que otros hagan una promesa y la olviden. Pero Dios hace una promesa y la cumple. «Porque fiel es el que hizo la promesa» (Heb 10.23 NVI).

¿Acaso esto es importante? ¿Marca alguna diferencia la integridad de Dios? ¿Tiene su fidelidad alguna relevancia? Cuando tu hija está conectada a una máquina para mantenerla con vida, sí la tiene. Cuando estás caminando de un lado para otro por el pasillo de la sala de emergencias, sí la tiene.

Cuando te estás preguntando qué hacer con la peor pesadilla de cualquier padre, tienes que decidir. ¿Fe o miedo? ¿Propósito de Dios o historia aleatoria? ¿Un Dios que conoce y cuida o un Dios que no está ahí? A nosotros nos toca decidir. La gente de la Tierra Prometida decide confiar en las promesas de Dios. Decide creer que Dios tiene algo bueno entre manos, aunque todo lo que veamos sea malo. Hace eco la letra del himno:

> Su juramento, Su pacto, Su sangre,
> Me sostienen en el diluvio torrencial.[3]

Nada merece más nuestra atención que los pactos de Dios. Ninguna palabra escrita en papel te sostendrá jamás como las promesas de Dios. ¿Las conoces?

Para el afligido: «Si por la noche hay llanto, por la mañana habrá gritos de alegría» (Sal 30.5 NVI).

Para el asediado: «Muchas son las angustias del justo, pero el SEÑOR lo librará de todas ellas» (Sal 34.19 NVI).

Para el enfermo: «El SEÑOR lo confortará cuando esté enfermo; lo alentará en el lecho del dolor» (Sal 41.3 NVI).

Para el que se siente solo: «Cuando cruces las aguas, yo estaré contigo» (Is 43.2 NVI).

Para el que está muriendo: «En la casa de mi Padre muchas moradas hay [...] voy, pues, a preparar lugar para vosotros» (Jn 14.2).

Para el pecador: «Te basta con mi gracia» (2 Co 12.9 NVI).

Estas promesas son para tu bien. «Y debido a su gloria y excelencia, nos ha dado grandes y preciosas promesas. Estas promesas hacen posible que ustedes participen de la naturaleza divina y escapen de la corrupción del mundo, causada por los deseos humanos» (2 P 1.4 NTV).

Aférrate a las promesas de Dios. Cuando se asome el temor, responde con este pensamiento: *pero Dios dijo...* Cuando sientas dudas: *pero Dios dijo...* Cuando te abrume la culpa: *pero Dios dijo...*

Grita estas palabras: «Tú me has redimido, oh SEÑOR, Dios de verdad» (Sal 31.5 LBLA). Regresa una y otra vez a los pactos que Dios ha afirmado. Busca en las Escrituras como un minero que excava buscando oro. Una vez encuentres una pepita, tómala. Confía en ella. Llévala al banco. Haz lo que yo hice con la promesa del capitán. Poco después de conocer al caballero que me dio la nota en el avión, tomé otro vuelo. En esta ocasión no me llegó una nota, sino un mal tiempo. El vuelo a Houston estaba retrasado por tormentas. Aterrizamos en el momento exacto en que el último vuelo a San Antonio estaba programado para despegar. Mientras el avión rodaba por la pista, no dejaba de mirar mi reloj, empecé a pensar en hoteles y a prepararme para llamar a Denalyn, contarle de mi retraso y quejarme de mi mala suerte.

Entonces, escuché una promesa por el altavoz. «Les habla el capitán. Sé que muchos de ustedes tienen conexiones. Relájense. Van a alcanzarlas. Vamos a mantener los aviones en tierra. Tenemos un lugar para ustedes».

*Bueno,* pensé, *el capitán no haría ese anuncio si no fuera cierto.* Así que decidí confiar en su promesa.

No llamé a Denalyn.

Dejé de pensar en hoteles.

Dejé de mirar el reloj.

Me relajé. Esperé mi turno para salir del avión y me concentré en llegar a mi puerta de salida. Caminé por el pasillo tranquilo y confiado. ¿Acaso el capitán no me había hecho una promesa?

Otras personas en el aeropuerto no habían sido tan afortunadas. Ellas, también víctimas de las inclemencias del tiempo, estaban en pánico. Muchos corrían en todas direcciones, con rostros pálidos y preocupados. Sus expresiones reflejaban miedo.

Una pena que su capitán no les hubiera hablado. O tal vez lo hizo y ellos no le prestaron atención.

Tu capitán te ha hablado. ¿Lo vas a escuchar? ¿Lo vas a escuchar *realmente*? Permite que sus promesas te cubran como la calidez de un día de verano. Mientras todos y todo a tu alrededor dice que te dejes llevar por el pánico, escoge el camino de la paz. En este mundo falto de palabra y de promesas rotas, hazte un favor: aférrate a las promesas de Dios.

Mi amigo Wes lo hizo. Vas a buscar por mucho tiempo antes de que encuentres a un hombre mejor que Wes Bishop. Él se sonríe por todo, te da unos apretones de mano muy cálidos y sufre de una seria debilidad por los helados. Tuvo el mismo trabajo, amó a la misma esposa, sirvió en la misma iglesia y vivió en la misma casa por más de treinta y cinco años. Era un baluarte en Sweetwater, una pequeña ciudad en Texas. Crio a tres hijos extraordinarios, y uno de ellos se casó con mi hija Jenna. Wes ni siquiera faltó un día a su trabajo, hasta hace unos meses cuando le diagnosticaron cáncer en el cerebro.

Le pedimos a Dios que se lo removiera. Durante algún tiempo, pareció que lo había hecho. Sin embargo, los síntomas regresaron con más intensidad. En cuestión de unas pocas semanas, Wes quedó paralizado, en su casa, y le asignaron asistencia para pacientes terminales.

Sus hijos se turnaron para cuidarlo y así aliviar la carga de su mamá. Colocaron un monitor junto a su cama porque aunque casi no había dicho ni una palabra en días, querían escucharlo si los llamaba pidiendo ayuda.

Una noche lo hizo. Pero no llamó para pedir ayuda; llamó a Cristo. Cerca de la una de la madrugada, el menor de sus hijos escuchó la voz fuerte de su padre en el monitor. «Jesús, quiero darte las gracias por mi vida. Has sido muy bueno conmigo. Y quiero que sepas que cuando estés listo para llevarme, yo estaré listo para irme contigo». Y resultó que esas fueron sus últimas palabras. Unos pocos días después, Jesús se lo llevó a casa.

Yo quiero esa clase de fe. ¿Y tú? La fe que se vuelve a Dios en la hora más oscura, la que alaba a Dios con el cuerpo más débil. La clase de fe que confía en las promesas de Dios. La clase de fe que escribe en una servilleta de avión y afirma: «La fe es una decisión. Y yo decido por la fe».

# 16

# DIOS PELEA POR TI

*Josué 23*

Nadin Khoury tenía trece años, medía 1 metro con 57 centímetros y mojado, tal vez pesaba unos 45 kilos.

Sus atacantes eran adolescentes, más grandes que él y le llevaban una ventaja de siete contra uno.

Durante treinta minutos, lo golpearon y patearon.

Jamás tuvo una oportunidad.

Hacía poco que la mamá de Khoury había mudado a la familia de Minnesota a Filadelfia. Había perdido su empleo como empleada de servicio en un hotel y estaba buscando un nuevo trabajo. En el 2000 había escapado de Liberia, un país azotado por años de guerra. Nadin Khoury se convirtió en el chico nuevo en un vecindario difícil con una mamá inmigrante y desempleada: todo lo que una manada de bravucones necesitaba para justificar un ataque.

Habían comenzado a molestarlo semanas antes. No lo dejaban tranquilo. Llamaban a su mamá con sobrenombres despectivos. Lo acorralaban y lo empujaban. Y entonces, un día de enero, lo atacaron con brutalidad. Lo arrastraron por la nieve, le pegaron contra un árbol y luego lo colgaron de una cerca de hierro de algo más de dos metros de alto.

Khoury sobrevivió al ataque y seguramente habría enfrentado otros más de no haber sido por la locura de uno de los atacantes. Grabó el ataque y lo subió a YouTube. Un transeúnte fue testigo de la golpiza y persiguió a los atacantes. La policía vio el vídeo y entró en acción. Los matones terminaron en la cárcel y la historia apareció en los periódicos.

Un empleado del programa de televisión *The View* leyó la historia e invitó a Khoury a presentarse en el programa. Y él lo hizo. Mientras el video del ataque aparecía en la pantalla detrás de él, Nadin trataba de mostrarse valiente, pero su labio inferior temblaba. «La próxima vez podría ser alguien más pequeño que yo», dijo. Lo que él no sabía era que el productor había invitado al programa a otros residentes de Filadelfia. Cuando terminó el video de YouTube, la cortina se abrió y aparecieron tres hombres enormes, jugadores de fútbol de los Eagles de Filadelfia.

Khoury, seguidor fanático de los Eagles, se volvió y sonrió. Uno de ellos era el recibidor DeSean Jackson. Jackson se sentó lo más cerca que pudo de Nadin y le prometió: «En cualquier momento que nos necesites, tengo conmigo a dos jugadores de la defensa». Los ojos de Khoury se abrieron como platos mientras Jackson firmaba un jersey y se lo entregaba. Y entonces, para que cualquier otro bravucón en Estados Unidos pudiera verlo, le dio al muchacho su número de celular.[1]

Desde aquel día en adelante, los guardaespaldas personales de Khoury han estado a solo una llamada telefónica de distancia. Y los matones lo piensan dos veces antes de meterse con un muchacho que tiene en discado rápido el número de teléfono de un jugador de fútbol de la NFL.

Excelente oferta. ¿A quién no le gustaría ese tipo de protección?

Josué la aceptó. Unos enemigos crueles y sanguinarios ocupaban la Tierra Prometida. Los hombres de Josué eran inexpertos. Su liderazgo no había sido probado. Sin embargo, en contra de toda posibilidad,

Dios garantizó la conquista. «Nadie te podrá hacer frente en todos los días de tu vida; como estuve con Moisés, estaré contigo; no te dejaré, ni te desampararé» (Jos 1.5).

Fue como si Dios le hubiera dicho: «¿Tiene Jericó muros altos y gruesos? Cierto, pero tú me tienes a mí. ¿Tienen los amorreos la ventaja de estar peleando en su tierra natal? La tienen, pero tú tienes de tu lado al rey de los cielos. ¿Tienen los enemigos más carros, más experiencia y mejor artillería? Sí, son fuertes, pero yo soy más fuerte. Y no te dejaré ni te abandonaré».

A ti, Dios te hace la misma promesa. De hecho, el escritor de Hebreos cita las palabras en su epístola: «Porque él dijo: No te desampararé, ni te dejaré; de manera que podemos decir confiadamente: El Señor es mi ayudador; no temeré lo que me pueda hacer el hombre» (13.5–6).

La última pregunta es algo problemática. *¿Qué me puede hacer un hombre, un simple mortal?* Conoces las respuestas. «Mentirme». «Engañarme». «Lastimarme». «Intimidarme». «Aterrorizarme».

Sin embargo, la Biblia hace una pregunta distinta. Si el Señor es tu ayudador, ¿quién puede hacer algo en tu contra?

La palabra griega para «ayudador» en este pasaje es boētheia, de boÐ, que quiere decir «grito» y theē, que significa «correr».[2] Cuando necesitas ayuda, Dios corre y grita: «¡Ahí voy!». Él nunca te deja. ¡Nunca! Nunca se toma un receso, ni una siesta ni se va de vacaciones. Él nunca se aleja de tu lado.

¿Está lento el mercado de empleos? Cierto. Pero Dios es tu ayudador. ¿Está bajo tu conteo sanguíneo? Sin duda, algo difícil, pero Aquel que te creó está contigo. ¿Está el mundo plagado de conflictos? Sin duda alguna. Sin embargo, el Todopoderoso nunca te dejará ni te abandonará.

Por consiguiente, ¡todo cambia! Como Dios es fuerte, tú serás fuerte. Como él es capaz, tú serás capaz. Como él no tiene límites, tú no tienes límites. Puedes afirmar con certeza como el apóstol: «El Señor es quien me ayuda; no temeré. ¿Qué me puede hacer un simple mortal?» (v. 6).

Pero todavía hay más. La mayor —y mejor— noticia de Josué es esta: Dios no solo se queda contigo... él pelea por ti.

Dios no solo desea que vivas la vida de la Tierra Prometida, sino que pelea por ti para que puedas hacerlo. Este fue el punto central del discurso de victoria de Josué. Imagina al comandante parado ante su ejército para pronunciar uno de sus últimos mensajes.

«Yo ya soy viejo y avanzado en años [...] he aquí que yo estoy para entrar hoy por el camino de toda la tierra» (Jos 23.2, 14). Cuando Josué murió tenía ciento diez años (24.29), así que debió haber estado cerca de esa edad cuando habló.

Tiene una melena de pelo blanco y una barba que le llega al pecho. Su espalda está encorvada, pero su voz es fuerte. Se paró sobre una roca y miró hacia un valle repleto de rostros. Cuando levantó su mano para hablar, todo el mundo guardó silencio. Él los sacó del desierto, los dirigió al atravesar el río Jordán y en su entrada a Canaán.

Cuando Josué habla, ellos escuchan.

Josué ha sido testigo de todos los momentos importantes del pasado medio siglo. Les anuncia a sus soldados: «Ustedes han visto todo lo que el SEÑOR su Dios hizo por ustedes a lo largo de mi vida» (23.3 NTV).

¡Ah, las historias que podrían contar! El río Jordán que se divide y los muros de Jericó que caen. El sol que se detiene y los enemigos que huyen. Los hebreos ocupan tierras que no araron. Comen de viñedos que no sembraron. Y Josué, en sus palabras finales, quiere asegurarse de que entiendan el mensaje: «El Señor su Dios peleó por ustedes» (v. 3 NTV).

Los hebreos conquistaron la tierra no gracias a sus destrezas, sino a las de Dios. A lo largo del libro de Josué, es Dios quien pelea.

En su llamado a la batalla, Josué les dice a sus hombres: «[tomen] posesión del territorio que Dios el Señor les da como herencia» (1.11 NVI).

Y les repite: «Dios el SEÑOR les ha dado reposo y les ha entregado esta tierra» (1.13 NVI).

En la víspera del cruce del Jordán, Josué declara: «El SEÑOR va a realizar grandes prodigios entre ustedes» (3.5 NVI).

Y cuando están parados en la ribera oeste del río, les dice: «Jehová vuestro Dios secó las aguas del Jordán» (4.23).

A las afueras de Jericó, «Josué les ordenó a los israelitas: "¡Griten, porque el Señor les ha entregado la ciudad!"» (6.16 NTV).

Toda la narración lee así: Dios reclamando, Dios dando, Dios defendiendo. Josué resumió la victoria diciendo: «El SEÑOR ha expulsado a esas grandes naciones que se han enfrentado con ustedes, y hasta ahora ninguna de ellas ha podido resistirlos. Uno solo de ustedes hace huir a mil enemigos, porque el Señor pelea por ustedes, tal como lo ha prometido» (23.9–10 NVI).

¿Acaso no te encanta esa imagen? *Uno solo de ustedes hace huir a mil enemigos.* Me imagino a un solo soldado hebreo con su espada desenvainada, corriendo detrás de todo un batallón de enemigos. Le aventajan mil contra uno, pero como Dios pelea por él, los enemigos huyen como palomas asustadas.

Me imagino lo mismo contigo. Los amorreos de tu vida —temores, miedos, odios y heridas— vienen hacia ti como una legión de matones. Sin embargo, en lugar de huir, te vuelves y les enfrentas. Desenvainas la promesa de la Palabra de Dios y desafías a los enemigos de la causa del Todopoderoso. Eres un oso pardo y ellos son ratas. «¡Vergüenza, sal de tu escondite! ¡Culpa, huye! ¡Miedo a la muerte, remordimientos del pasado, llévense sus ataques a otra parte!».

Esto es vivir Días de Gloria. No fuiste creado para temblar de miedo. No fuiste creado para estar en deuda con tu pasado. No fuiste creado para ir cojeando por la vida como un cobarde. Eres una expresión viviente de Dios. Y además: él pelea por ti.

¿Es este un pensamiento nuevo? Has escuchado que Dios te creó, que te protege, te guía, conoce todo sobre ti... ¿pero el Dios que pelea por ti? ¿El que abre camino delante de ti? ¿El que te defiende? ¿El que hace caer muros, detiene el sol, y hace llover granizo sobre el diablo y sus fuerzas?

¿Sabías que Dios está peleando por ti? ¿Que «con nosotros está Jehová nuestro Dios para ayudarnos y pelear nuestras batallas»? (2 Cr 32.8). ¿Que «nuestro Dios peleará por nosotros»? (Neh 4.20). ¿Que Dios peleará contra los que luchan contra ti? (Sal 35.1).

*Dios pelea por ti.* Asimila estas cuatro palabras por un momento.

*Dios.* El CEO, el Presidente, el Rey, el Gobernador, el Supremo, el Monarca Absoluto, el Zar, el Emperador y el Rajá de toda la historia. Él bloquea al jugador del equipo contrario y te provee cobertura. Él es impecablemente perfecto, incansablemente fuerte e incuestionablemente capaz. Él es eternamente feliz, sabio y dispuesto. Y él... *Pelea.* Él moviliza ángeles y le da órdenes al tiempo. Él destituye a los Goliat y vacía cementerios. Él pelea...

*Por.* Por tu salud, tu familia, tu fe y tu restauración. ¿Las probabilidades están en tu contra? ¿El entrenador está en tu contra? ¿El gobierno está en tu contra? Sin duda es difícil. Pero Dios pelea por...

*Ti* con tu espalda lastimada, tu mal crédito o tu mal trabajo. Él no solo pelea por el rico, el lindo o el religioso. Él pelea por los tú del mundo. ¿Eres un *tú*?

La gran noticia de la Biblia no es que tú peleas por Dios, sino que Dios pelea por ti. Y saber esto —saber que tu Padre pelea por ti— es una fuente de fortaleza incomparable.

Experimenté algo similar hace muchos años, después de predicar mi primer sermón. Acababa de graduarme de la universidad y estaba listo para cambiar al mundo como predicador. Cuando me gradué, los líderes de una iglesia en mi ciudad me invitaron a predicar a la congregación.

Ningún sermón es perfecto. ¿Pero el primer sermón de un predicador? No intento defender el mío. Traté lo mejor que pude, pero estoy seguro de que divagué y me desvié del tema. En un esfuerzo por decirlo todo, dije muy poco. No puedo pretender que aquel sermón fuera sobresaliente.

Pero aun así, yo no merecía la crítica del pastor. Él me invitó a su oficina para una autopsia después del servicio. Y ya había citado a un grupo de caballeros para que fueran testigos del enfrentamiento. Se abalanzó sobre el sermón como un halcón sobre un ratón. Dijo que conté demasiadas anécdotas y que usé el texto bíblico muy poco. Me dijo que había sido muy ingenioso y demasiado suave con los pecadores. Cuando terminó la perorata, me sentía como un cachorro castigado.

Con la cola entre mis patas, arrastré los pies hasta el estacionamiento de la iglesia, donde mi papá me estaba esperando en su carro. De inmediato notó que algo andaba mal. Mientras le contaba los detalles de la reunión, su rostro se le fue poniendo rojo. Cada vez sujetaba el volante con más fuerza y sus labios se fruncieron en una sola línea. Me dejó en la casa y me dijo: «Regreso pronto. Necesito hacer una visita».

No fue sino hasta el día siguiente cuando supe el resto de la historia. Mi papá se estacionó frente a la casa del pastor. El pastor, que estaba regando el césped, bajó la manguera y saludó a mi papá. Papá no le devolvió el saludo. Se le paró de frente para exigirle los porqués, los motivos y las explicaciones para aquella reunión.

El predicador titubeó, se le trabó la lengua y finalmente se disculpó. Me llamó al día siguiente y me pidió perdón.

Otra vez, no estoy defendiendo el sermón. Sin embargo, fue algo maravilloso cuando mi papá me defendió.

¿Y qué es eso? ¿Te gustaría poder decir lo mismo? ¿Te encantaría que alguien corriera en tu defensa? ¿Que sacara la cara por ti? ¿Que peleara contra los que pelean contra ti?

Oh, amado hijo celestial, ¡Dios lo hizo!

Cuando Dios se hizo carne, él peleó por tu alma. Cuando Jesús enfrentó al diablo en el desierto, peleó por tu paz. Cuando defendió a los abandonados, ¿acaso no te estaba defendiendo a ti? Cuando murió en la cruz por tus pecados, peleó por tu salvación. Cuando dejó al Espíritu Santo para guiarte, fortalecerte y consolarte, estaba peleando por tu vida.

Dejar de creer esto es como si pusieras un buzón para recibir correspondencia en el desierto y te dispusieras a esperar que te lleguen las cartas que esperas; pero si lo crees, verás cómo las nubes comienzan a dispersarse.

Cree esto:

Dios jamás permitirá
que sufras daño alguno.
Dios te cuida y nunca duerme.
¡Dios cuida de Israel,
y nunca duerme!

Dios te cuida y te protege;
Dios está siempre a tu lado.
Durante el día,
el sol no te quemará;
durante la noche,
no te dañará la luna.
Dios te protegerá
y te pondrá a salvo

de todos los peligros.
Dios te cuidará
ahora y siempre
por dondequiera que vayas. (Sal 121.3–8 TLA)

Hacia el final de la invasión, el narrador de la historia de Josué hace una lista de todos los reyes que el pueblo de Israel derrotó. Y lo hace de una manera interesante.

el rey de Jericó      uno
el rey de Hai...      otro
el rey de Jerusalén   otro
el rey de Hebrón      otro. (Jos 12.9–10)

Y la lista continúa por treinta y una líneas más. Cada línea tiene un nombre y la palabra *otro*. Como si los vencedores estuvieran poniendo una marca de cotejo en su lista de enemigos y anunciando el puntaje.

Josué: 31

Los cananeos: 0

Piensa en tu propia lista. Imagina el día cuando te pares frente a Jesús, tu Josué, y mires tu vida en retrospección. «Entonces Dios le dará a cada uno el reconocimiento que le corresponda» (1 Co 4.5 NTV). Tu Comandante declarará el resultado final de tu vida:

«Con la ayuda de Dios, Pedro Pérez enfrentó a los enemigos de su Tierra Prometida y los expulsó».

»¡Codicia, uno!

»¡Temperamento explosivo, otro!

»¡Envidia, otro!

»Abusado cuando niño, y aun así un adulto estable.

»Tentado con drogas, pero sobrio y estable.

»Desviado del camino, pero retornado con nuevos bríos.

»¡Otro! ¡Otro! ¡Otro!».

Una a una serán leídas y celebradas las conquistas.

Cada testigo se regocijará ante la obra que Dios hizo. Esta es la meta de Dios para ti. Esta es tu herencia: más victoria que derrota, más alegría que tristeza, más esperanza que desesperanza.

Estos son Días de Gloria.

# Epílogo

# ESPADAS, GUERRAS Y DIOS

El libro de Josué es sangriento. No tiene sentido no reconocerlo. No solo relata algo violento —la matanza de miles de personas—, sino que víctimas de esta violencia son también mujeres, niños, ancianos y hasta animales. Para muchos lectores, esto es un obstáculo para aceptar el libro de Josué, y hasta el mensaje de Dios.

Algunos intentan sacar a Dios de esta camisa de fuerza diciendo que él realmente no ordenó estas cosas, sino que sus instrucciones fueron mal interpretadas o tergiversadas por los escritores bíblicos. Sin embargo, es casi imposible seguir esa dirección y conservar cualquier sentido de inspiración de las Escrituras. Las palabras de Dios son demasiado claras.

Entonces, ¿qué debemos pensar?

He aquí algunos pensamientos que me han ayudado.

Dios conocía al pueblo cananeo. Conocía su maldad. Conocía su violencia desenfrenada y, sobre todo, lo supo seiscientos años antes de que Josué entrara en la tierra. Génesis 15.16 respalda esto: «Cuatro generaciones después tus descendientes volverán a este lugar, porque antes de eso no habrá llegado al colmo la iniquidad de los amorreos»

(NVI). Dios le dio al pueblo seis siglos para responder y reformarse. El hecho de que Rahab lo hizo es prueba de que ellos también podían hacerlo. El hecho de que Dios aceptó a Rahab es evidencia de que también los habría aceptado a ellos.

Sin embargo, no cambiaron. Aparentemente, se volvieron más malvados con el paso del tiempo. «Al SEÑOR le resulta abominable todo lo que ellos hacen para honrar a sus dioses. ¡Hasta quemaban a sus hijos e hijas en el fuego como sacrificios a sus dioses!» (Dt 12.31 NVI). Un erudito llamó al Canaán del siglo trece A.C. «un nido de serpientes practicando sacrificio infantil y prostitución sagrada [...] [gente que estaba] despiadadamente consagrada a usar a los miembros más inocentes y vulnerables de la comunidad (bebés y vírgenes) para manipular a Dios o a los dioses, buscando algún beneficio».[1]

Dios no solo sabía lo que ellos habían hecho; él sabía lo que iban a hacer. Su ojo omnipotente vio la destrucción que infligirían en el futuro. Así que los castigó. ¿No es su derecho hacerlo? ¿Acaso nosotros, en algunos momentos, no *queremos* que lo haga? Nos da trabajo aceptar cuando Dios no castiga la injusticia. (¿Por qué Dios no intervino para detener el Holocausto?). Entonces, también nos da trabajo aceptar cuando actúa justamente, como lo hizo aquí con los residentes de Canaán.

Debemos tratar este asunto con reverencia: Dios es Dios. Aunque nos resulte difícil de aceptar, él no tiene que ajustarse a nuestro sistema de respuestas. Tal vez nosotros no entendemos su plan de protección.

Estoy pensando en mi amigo cuya hija adolescente se rebeló contra la protección de su padre. La chica tenía un novio drogadicto quien obnubiló sus pensamientos y la indujo para que se rebelara contra todos los valores que mi amigo le había enseñado. El muchacho la había hechizado. Por lo tanto, mi amigo les exigió que pusieran fin a su relación. Cuando se negaron, él decidió mudar a la familia. Renunció a su trabajo y puso su casa en venta. ¿Te imaginas la rabieta de la hija? En su mente, esta era una reacción exagerada. En la de él, era una protección necesaria.

Aquellos que acusan a Dios de haber reaccionado exageradamente en Canaán deberían tomarse el tiempo para recordar: nosotros no estábamos allí. No conocíamos a los cananeos. No somos ni omniscientes ni soberanos, pero Dios sí.

Y Dios sobreabunda en gracia. Lo que él les ordenó a los israelitas que les hicieran a los cananeos es algo único en la Biblia. En ningún otro momento ni en ningún otro lugar Israel recibe instrucciones de llevar a cabo una acción militar agresiva. La gran mayoría de las historias en la Biblia describen a un Dios que rescata, redime, exhibe paciencia y amor. ¿Acaso no se ha ganado él nuestra confianza?

Yo conozco mi respuesta.

Te corresponde a ti decidir cuál es la tuya.

Y, a propósito, Dios va a hacer esto otra vez. En el día del juicio, de una vez y por todas, él juzgará todo lo que es malvado. El diablo, sus subordinados y todos sus seguidores probarán el juicio final y justo de Dios. En ese día, y en ese momento, nadie cuestionará su derecho a hacerlo.

# NOTAS

## CAPÍTULO 1: DÍAS DE GLORIA

1. Bryant G. Wood, «Conquest Confusion at Yale», BibleArcheology.org, 20 noviembre 2012, www.biblearchaeology.org/post/2012/11/20/Conquest-Confusion-at-Yale.aspx#Article. Ver también, Ronald B. Allen, «The Land of Israel» en *Israel: The Land and the People: An Evangelical Affirmation of God's Promises*, ed. Wayne H. House (Grand Rapids, MI: Kregel, 1998), pp. 17–18, 24. Caleb dice que tenía cuarenta años cuando fue a espiar en Canaán (Jos 14.7). Los hebreos estuvieron cuarenta años en el desierto (Éx 16.35). Vagaron en el desierto por treinta y ocho años después que los espías regresaron, lo que significa que Caleb tenía setenta y ocho años al comienzo de la conquista. Caleb dice que tiene ochenta y cinco años en Josué 14.10, cuarenta y cinco años de gracia de parte de Dios desde Cades-barnea (38 + 7).

2. Kenneth O. Gangel, *Holman Old Testament Commentary: Joshua,* ed. Max Anders (Nashville, TN: B&H, 2002), p. 2.

3. «To Canaan's Land I'm on My Way», *Praise for the Lord* (Nashville, TN: Praise Press, 1992), p. 694.

4. REVEAL Spiritual Life Survey, base de datos 2007–2014. Para información adicional sobre la encuesta REVEAL, ver Greg L. Hawkins y Cally Parkinson, *Move: What 1,000 Churches Reveal About Spiritual Growth* (Grand Rapids, MI: Zondervan, 2011).

5. «The Global Religious Landscape», Pew Research Religion & Public Life Project, 18 diciembre 2012, www.pewforum.org/2012/12/18/global-religious-landscape-exec/.

## CAPÍTULO 2: HEREDA TU HERENCIA

1. Números 26.2, 51.
2. Eugene H. Peterson, «Introduction to Joshua», en *The Message Remix: The Bible in Contemporary Language* (Colorado Springs, CO: NavPress, 2003), p. 364.
3. «Amorites», JewishEncyclopedia.com, www.jewishencyclopedia.com/articles/1422-amorites.
4. En muchas maneras, Efesios es la contraparte en el Nuevo Testamento para el libro de Josué.
5. Dwight Edwards, *Revolution Within: A Fresh Look at Supernatural Living* (Colorado Springs, CO: WaterBrook, 2001), p. 5.
6. Spiros Zodhiates, ed., *Hebrew-Greek Key Word Study Bible: Key Insights into God's Word, New American Standard Bible,* ed. rev. (Chattanooga, TN: AMG, 2008), #4789, p. 2280 [*La Biblia de estudio con palabras clave hebreo-griego* (Chattanooga, TN: AMG, 2013)].

## CAPÍTULO 3: PRESTA ATENCIÓN A LA VOZ QUE ESCUCHAS

1. Hawkins y Parkinson, *Move: What 1,000 Churches REVEAL,* p. 19.
2. «Global Scripture Access», United Bible Societies, www.unitedbible societies.org/what-we-do/translation/global-scripture-access/.
3. «354 Prophecies Fulfilled in Jesus Christ», According to the Scriptures.org, www.accordingtothescriptures.org/prophecy/353prophecies.html.
4. Dale Ralph Davis, *Joshua: No Falling Words* (Fearn, Scotland: Christian Focus, 2000), p. 19.

## CAPÍTULO 4: ESTÁ BIEN SI NO ESTÁS BIEN

1. «Price of Success: Will the Recycled Orchestra Last?», CBSNews.com, 17 noviembre 2013, www.cbsnews.com/news/price-of-success-will-the-recycled-orchestra-last.
2. Josué 2.1; 6.17, 25; Hebreos 11.31; Santiago 2.25.

## CAPÍTULO 5: DESEMPACA

1. Tomado de una conversación con Jimmy Wayne y usado con permiso. Para la historia completa, ver Jimmy Wayne, con Ken Abraham, *Walk to Beautiful: The Power of Love and a Homeless Kid Who Found the Way* (Nashville, TN: W Publishing, 2014).
2. F. B. Meyer, *Joshua: And the Land of Promise* (London: Morgan and Scott, 1870), p. 35.

## CAPÍTULO 7: ACUDE A TU COMANDANTE

1. Contado en una entrevista con Joy Veron el 10 de octubre de 2013 y usado con permiso.

2. *Fall of Jericho: Unearthing One of the Bible's Greatest Mysteries* (Worcester, PA: Gateway Films/Vision Video, 2008), DVD.

3. H. I. Hester, *The Heart of Hebrew History: A Study of the Old Testament* (Liberty, MO: Quality Press, 1962), pp. 143–44.

4. Adam Hamilton, «Compassion, Vision and Perseverance: Lessons from Moses», *The United Methodist Reporter*, 22 enero 2013, http://unitedmethodistreporter.com/2013/01/22/adam-hamiltons-sermon-at-to-days-national-prayer-service/. Ver también Martin Luther King Jr., *Stride Toward Freedom: The Montgomery Story* (Boston: Beacon, 1958), pp. xxi, 125 [*Viajeros de la libertad* (Barcelona: Fontanela, 1963)].

5. De una conversación con Tammy Trent y usado con permiso.

## CAPÍTULO 8: MARCHA ALREDEDOR DE JERICÓ

1. «La adoración a Baal conllevaba algunas de las prácticas más inmorales de su tiempo. Entre ellas estaban el sacrificio por fuego de niños, una práctica abolida desde hacía tiempo en Egipto y Babilonia, la prostitución sagrada y la adoración a serpientes en una escala desconocida entre otros pueblos», G. Ernest Wright y Floyd V. Filson, *The Westminster Historical Atlas to the Bible* (Filadelfia: Westminster, 1945), p. 36 [*Mapas históricos de tierras bíblicas* (El Paso, TX: Casa Bautista de Publicaciones, 1977)].

2. Zodhiates, ed., *Hebrew-Greek Key Word Study Bible*, #3423, p. 1896.

3. George V. Wigram y Ralph D. Winter, *The Word Study Concordance* (Wheaton, IL: Tyndale, 1972), p. 477.

4. Según la encuesta REVEAL Spiritual Life Survey, base de datos 2007–2014, este número es ochenta y nueve por ciento. Para información adicional sobre la encuesta REVEAL ver Hawkins y Parkinson, *Move: What 1,000 Churches Reveal*.

5. Usado con permiso.

## CAPÍTULO 10: NINGÚN FRACASO ES FATAL

1. Leigh Montville, «Wide and to the Right: The Kick That Will Forever Haunt Scott Norwood», SI.com, publicado originalmente en 1992 pero modificado por última vez 21 septiembre 2011, http://www.si.com/more-sports/2011/09/12/scott-norwoodsuperbowl.

2. «El tamaño de este grupo es indicado por el texto como un contingente de 30.000 hombres que aparentemente es demasiado grande para una

maniobra tan secreta como la de una emboscada cerca de una ciudad. Una posible respuesta al problema es que el texto debiera decir: "30 oficiales". Esta sugerencia proviene de R. E. D. Clark, quien señala que la palabra hebrea 'elep se traduce por "mil", pero que también puede ser traducido como "jefe" u "oficial", traducción que se usa en otros pasajes (cp. 1.° Cr. 12:23–27; 2.° Cr. 13.3, 7; 17:14–19). Si este fuera el caso, entonces el grupo de treinta hombres constituyó una unidad de comando en gran manera seleccionada y con la misión de entrar en la ciudad abandonada para prenderle fuego. Este concepto también puede explicar mejor la descripción del contingente conforme a su identificación "hombres de valor", una descripción que es más significativa cuando es referida a un grupo de treinta hombres que a una unidad de 30.000. Debe notarse aquí, sin embargo, que la segunda emboscada implicaba sin lugar a dudas a 5.000 hombres (8:12)». Irving L. Jensen, *Josué: la tierra de reposo conquistada* (Grand Rapids, MI: Portavoz, 1966, 1994), p. 64.

## CAPÍTULO 11: VOCES, DECISIONES Y CONSECUENCIAS

1. David M. Howard, Jr., *Joshua*, vol. 5, *The New American Commentary* (Nashville: Broadman Holman, 2002), p. 212.
2. Meyer, *Joshua: And the Land of Promise*, p. 96.
3. Ver también Deuteronomio 27.
4. C. S. Lewis, *Yours, Jack: Spiritual Direction from C. S. Lewis* (Nueva York: Harper Collins, 2008), p. 152.
5. D. James Kennedy y Jerry Newcombe, *What If the Bible Had Never Been Written?* (Nashville: Thomas Nelson, 1998), pp. 30–31.

## CAPÍTULO 12. HAZ ORACIONES AUDACES

1. Donald G. Bloesch, *The Struggle of Prayer* (Colorado Springs, CO: Helmers and Howard, 1988), p. 79 [*Orar es luchar con Dios* (Buenos Aires: Kairós, 2004)].
2. Ibíd., p. 80.
3. E. M. Bounds, *The Complete Works of E. M. Bounds on Prayer* (Grand Rapids, MI: Baker Book House, 1990), pp. 311–12.
4. Greg Pruett, *Extreme Prayer: The Impossible Prayers God Promises to Answer* (Carol Stream, IL: Tyndale House, 2014), p. 5.
5. Ibíd., p. 69.

## CAPÍTULO 13: TÚ ERES TÚ

1. Art Miller, *The Power of Uniqueness* (Grand Rapids, MI: Zondervan, 1999), p. 93.

NOTAS

2. Adaptado de Joel Osteen, *Every Day a Friday: How to Be Happier 7 Days a Week* (Nueva York, NY: FaithWords, 2011), pp. 131–32. [*Cada día es viernes: cómo ser más feliz 7 días por semana* (Nueva York, NY: FaithWords, 2011)].

## CAPÍTULO 14: UNA MENTE EMPAPADA EN DIOS
1. Meyer, *Joshua: And the Land of Promise*, p. 143.

## CAPÍTULO 15: PALABRAS QUE NO FALLAN
1. Usado con permiso.
2. Davis, *Joshua: No Falling Words*.
3. Edward Mote, «This Solid Rock», *Sacred Selections for the Church: A Collection of Sacred Selections Featuring Choice Favorites Old and New* (Kendallville, IN: Sacred Selections, 1956), no. 120.

## CAPÍTULO 16: DIOS PELEA POR TI
1. Sean Alfano, «Teens Arrested after Posting YouTube Video of Beating 13-Year-Old Boy and Hanging Him from a Tree», *New York Daily News*, 1 febrero 2011, www.nydailynews.com/news/national/teens-arrested-posting-youtube-video-beating-13-year-old-boy-hanging-tree-article-1.137868. Ver también Rick Reilly, «Eagles over Wolves in a Rout», ESPN.com, modificado por última vez 15 febrero 2011, http://sports.espn.go.com/espn/news/story?id=6120346.
2. W. E. Vine, *Diccionario Expositivo de Palabras del Antiguo y del Nuevo Testamento Exhaustivo de Vine* (Nashville, TN: Grupo Nelson, 2007), «Socorrer, socorro», B.1., p. 855.

## EPÍLOGO: ESPADAS, GUERRAS Y DIOS
1. Peterson, «Introduction to Joshua», *The Message*, p. 361.

# Preguntas para Reflexionar

*Preparado por David Drury*

Esta guía de estudio está diseñada para ayudarte a examinar *Días de Gloria* con más profundidad y aplicar su mensaje a tu vida. Para facilitar el proceso, encontrarás estas tres secciones en cada capítulo:

Tu DESIERTO: estas preguntas vienen de temporadas difíciles en tu vida; nacen de la espera, la desilusión, el desaliento o la angustia. Para los hebreos, fueron cuarenta años de peregrinación. Tu desierto —una tierra baldía de esperanzas y sueños incumplidos— puede sentirse igual de estéril que el de los hebreos. Sin embargo, por muy difícil que este peregrinaje pueda resultar, también puede ser una temporada de aprendizaje y crecimiento espiritual. Estas preguntas están diseñadas para ayudarte a aprender más sobre Dios y sobre ti mismo durante tus peregrinaciones.

Tu MOMENTO DE CRUCE: estas preguntas apuntan a un río Jordán simbólico que separa tu vida actual de la vida de la Tierra Prometida que es posible para ti. Puedes cruzarlo porque tu victoria es absoluta por medio de Cristo, quien demostró su inmenso amor por ti (Ro 8.37 NTV). Las preguntas te ayudarán a encontrar motivación y pasos prácticos para moverte en fe y entrar en la vida prometida por Dios.

Tu Tierra Prometida: estas preguntas te inspirarán a ver el potencial de tu vida en la Tierra Prometida. Puede ser difícil imaginar cómo luce una vida de victoria. A veces, aquellos que han experimentado victorias tienen un sentido de humildad tan grande que no hablan sobre cómo se siente vencer el pecado, la vergüenza y la enfermedad. No obstante, la victoria no es solo *posible* para el que es fiel; sino que es una promesa de Dios. *¡Tú puedes cerrar la brecha entre la persona que eres y la persona que quieres ser!* Es tiempo de experimentar plenamente la vida de la Tierra Prometida.

Es mi oración que comiences a experimentar tus Días de Gloria y que repitas las palabras al comienzo de este libro, con la confianza de que el poder de Dios está obrando en ti:

Estos son Días de Gloria.
Mi pasado es pasado,
mi futuro es prometedor,
las promesas de Dios son verdaderas y
su Palabra es fiel.
Con Dios como mi ayudador,
seré todo lo que él quiere que sea,
haré todo lo que él quiere que haga,
y recibiré todo lo que él quiere que reciba.
Estos son Días de Gloria.

I

# DÍAS DE GLORIA

*Lectura: Josué 21.43–45*

> *Antes, en todas estas cosas somos más que vencedores por medio de aquel que nos amó.*
> ROMANOS 8.37

## TU DESIERTO

1. Tal vez te identificas con el pequeñín con la maleta de Mickey Mouse que Max vio en el aeropuerto y dijo: «¡No puedo mantener el paso!». ¿Con qué te está costando mantener el paso últimamente?

2. Lee Éxodo 17.2–4.

    • En una escala de «refunfuñón a agradecido» que va del uno al diez (donde uno es ser un refunfuñón y diez una persona agradecida), ¿dónde te encuentras en este momento?

    • ¿Cuáles de tus circunstancias actuales te hacen refunfuñar demasiado?

    • ¿De qué manera Dios ha satisfecho alguna necesidad en el pasado por lo que puedes estar agradecido hoy?

3. Los hebreos se sentían como saltamontes en comparación con sus enemigos (Nm 13.33). ¿Qué estás enfrentando hoy que te hace sentir como ellos?

4. «Casi nueve de cada diez creyentes languidecen en el desierto». ¿Consideras que eres parte del ochenta y nueve por ciento de las personas que asisten a la iglesia que no está experimentando plenamente una vida de Tierra Prometida? Explica tu respuesta.

## TU MOMENTO DE CRUCE

5. ¿Qué retos puedes enfrentar cuando busques una vida en victoria?

6. En este capítulo se cita una versión parafraseada de Josué 21.43–45 con blancos para llenar. Tómate tu tiempo para repetir esta promesa en voz alta y escribe tu nombre en cada blanco.

De esta manera dio Jehová a _____ toda la tierra que había jurado dar. Y _____ la [poseyó] y [habitó] en ella. Y Jehová [le] dio [a] _____ reposo alrededor, y ninguno de todos sus enemigos pudo [hacerle] frente. No faltó palabra de todas las buenas promesas que Jehová había hecho a _____; todo se cumplió.

## TU TIERRA PROMETIDA

7. Aquí se presentan varios pasajes bíblicos para pintar un cuadro de cómo puede lucir una vida en la Tierra Prometida. Lee los siguientes versículos: Romanos 8.37; 2 Corintios 4.16–17; 2 Corintios 5.14–17 y Colosenses 3.23–24 y luego responde las dos preguntas siguientes para cada uno.
   • ¿Qué dice este pasaje sobre la manera en que Dios te ve?
   • ¿Cómo te inspira este pasaje para proseguir hacia la victoria?

8. Escribe una de estas citas y colócala en algún lugar donde te recuerde su verdad hoy:
   • «Con la ayuda de Dios, puedes cerrar la brecha entre la persona que eres y la persona que quieres ser».
   • «La victoria se convierte... en una forma de vida».
   • «¿Acaso no es tiempo de cambiar tu dirección postal del desierto a la Tierra Prometida?».

## ORACIÓN CON PROMESA

*Señor Jesús, mi Ayudador, dame la fortaleza para hacer realidad estas palabras: «Mi futuro es prometedor, las promesas de Dios son verdaderas y su Palabra es fiel. Con Dios como mi ayudador, seré todo lo que él quiere que sea, haré todo lo que él quiere que haga, y recibiré todo lo que él quiere que reciba. Estos son Días de Gloria». Oro en tu nombre, amén.*

2
———  .

# HEREDA TU HERENCIA

*Lectura: Josué 1.1–6*

> *No te dejaré ni te abandonaré. Sé fuerte y valiente.*
> JOSUÉ 1.5–6 (NVI)

## TU DESIERTO

1. ¿Qué imágenes, cuadros o personas vienen a tu mente cuando escuchas las palabras *no puedo*?

2. ¿Qué crees que *no puedes* hacer que sospechas que Dios piensa que *puedes* hacer?

3. Este capítulo enfatiza dos razones por las que algunas personas no reciben su herencia: o no saben que la herencia existe o no creen en su herencia.

   • ¿Qué descubriste en este capítulo acerca de tu relación con Dios? ¿Cómo la describirías ahora?

   • ¿Cómo ha cambiado tu conocimiento y comprensión sobre el concepto de herencia? ¿Qué crees ahora? ¿Dónde has puesto tu fe?

   • ¿Con cuáles aspectos de tu herencia todavía estás luchando? Tómate tu tiempo para orar justo ahora y pídele a Dios que fortalezca tu fe. Como el hombre que se acercó a Jesús buscando un milagro, grita: «¡Sí creo! [...] ¡Ayúdame en mi poca fe!» (Mr 9.24 NVI).

## TU MOMENTO DE CRUCE

4. «Tú no peleas *por* la victoria. Peleas *desde* la victoria».

- Como Dios ya es victorioso, ¿cuál es tu rol para recibir el regalo de su victoria?
- ¿Cómo podría esta filosofía cambiar tu manera de ver la vida?

5. De los pasajes bíblicos que se citan a continuación, escoge tu favorito y luego lee el contexto más amplio para cada pasaje. ¿Cómo se evidencia la victoria de Dios en cada pasaje? ¿Qué verdades descubres?
   - «Pues todo lo puedo hacer por medio de Cristo, quien me da las fuerzas» (Fil 4.13 NTV). Lee Filipenses 4.1–20.
   - «Que el Dios de paz [...] los capacite con todo lo que necesiten para hacer su voluntad» (Heb 13.20–21 NTV). Lee Hebreos 13.
   - «Dios nos ha dado todo lo que necesitamos para llevar una vida de rectitud» (2 P 1.3 NTV). Lee 2 Pedro 1.1–11.
   - «El poder de Dios no tiene límites; con ese mismo poder Dios resucitó a Cristo» (Ef 1.19–20 TLA). Lee Efesios 1.15–23.

## Tu Tierra Prometida

6. Segunda Corintios 5.17 explica que eres una «nueva criatura» si estás «en Cristo» y que todo en la vida es hecho nuevo.
   - ¿Cómo luciría el ser «hecho nuevo» en tu vida en la Tierra Prometida?
   - ¿Cómo afectaría tu vida en la Tierra Prometida tus relaciones?

7. Tu conversión a Jesucristo es «más que remoción de pecado». De hecho, es un «depósito de poder».
   - ¿Qué necesitas para que el poder de Dios te ayude a enfrentar los días que tienes por delante?
   - ¿Cómo podría su poder darte la victoria sobre ese reto?

## Oración con promesa

*Señor Jesús, mi Victoria, concédeme hoy una mente que tenga fe y un corazón obediente. Transforma mi espíritu de uno derrotado a uno victorioso. Ayúdame a entender que no peleo una batalla que no puedo ganar sino una para la que ya tú me has dado la victoria. ¡Tú eres mi victoria! Oro en tu poderoso nombre, amén.*

3

# PRESTA ATENCIÓN A LA VOZ QUE ESCUCHAS

*Lectura: Josué 1.7–18*

*Me complace hacer tu voluntad, Dios mío, pues tus enseñanzas están escritas en mi corazón.*

Salmos 40.8 (ntv)

## Tu desierto

1. ¿Cuándo se te ha hecho difícil leer la Biblia? ¿Por qué no fue fácil?
   - ¿Hay algunas partes de la Biblia que te cuesta trabajo creer? Si es así, da algunos ejemplos.
   - ¿Cuál es la historia bíblica que más te alienta? ¿Por qué?
2. La Biblia no fue escrita por un escriba en una oficina, sino por «reyes en palacios, pastores en tiendas y prisioneros en prisiones». La Biblia la escribieron personas reales que enfrentaban los mismos tipos de retos que tú enfrentas en la vida.
   - ¿Cuál es tu historia bíblica preferida en la que haya alguien superando un gran reto?
   - ¿Cuál es esa porción bíblica que es particularmente significativa en tu vida? ¿Cómo la aplicarías a los retos que enfrentas hoy?

## Tu momento de cruce

3. «Toda Escritura está inspirada por Dios y es útil para enseñar y reprender, para corregir y educar en una vida de rectitud» (2 Ti 3.16 dhh).

- ¿En qué manera la Biblia te ha sido útil para corregir faltas? ¿Qué perspectivas o pautas de vida has encontrado en las Escrituras?
- Este versículo dice que la Biblia es *útil*. ¿Cómo *utilizas* las Escrituras? Piensa en otras maneras en las que podrías usar la Biblia para enriquecer tu caminar diario.

4. Lee la lista de características negativas que aparece en 2 Timoteo 3.1–5. ¿Cuál(es) de ellas podrían aplicarse a tu caso?
   - ¿Cuál sería la característica contraria a la(s) que escogiste?
   - ¿De qué maneras específicas podrías hacer realidad hoy esa característica positiva?

## TU TIERRA PROMETIDA

5. Habría sido muy fácil que Josué se distrajera con las muchas voces a su alrededor, pero él necesitaba escuchar la única que era realmente importante: la voz de Dios.
   - ¿Qué voces en tu mundo no hablan la verdad de las Escrituras?
   - ¿Cómo podrías minimizar el impacto de esas voces en tu vida?
   - ¿Qué voces a tu alrededor son un eco de la verdad de la Biblia?
   - ¿Cuál de tus pasajes bíblicos preferidos te inspira más?

6. Imagina tu vida en la Tierra Prometida y victoriosa. Describe el lugar bíblico en tu vida en la Tierra Prometida.
   - ¿Cómo harás de la Biblia una prioridad?
   - ¿Cómo interactuarás con la Biblia?
   - ¿Cuáles son los efectos de la meditación en la Biblia?
   - ¿Cómo sabrás que la Palabra de Dios se ha arraigado en tu espíritu?
   - ¿Existe alguna razón por la que no puedas vivir hoy la vida de la Tierra Prometida?

## ORACIÓN CON PROMESA

*Señor Jesús, mi Palabra, en medio de tantas distracciones, háblame con tu voz clara. En tu Palabra me has dado todo lo necesario para creer hoy. Ayúdame a escucharlo. A escucharte a ti. Habla, Señor; tu siervo escucha. Oro en tu nombre, amén.*

4
___

# ESTÁ BIEN SI NO
# ESTÁS BIEN

*Lectura: Josué 2*

> *Por eso estamos todos tan amedrentados y descorazonados frente a ustedes. Yo sé que el SEÑOR y Dios es Dios de dioses tanto en el cielo como en la tierra.*
> RAHAB EN JOSUÉ 2.11 (NVI)

## TU DESIERTO

1. ¿Has sentido alguna vez que no mereces una vida mejor?
   - ¿Qué limitaciones o fracasos han provocado que la vida en la Tierra Prometida te parezca inalcanzable?
   - ¿Qué dice Romanos 3.23–24 acerca de los que merecen esta vida mejor?
2. Rahab es honrada en Hebreos 11 por su gran fe; ella aparece en la lista junto a profetas, patriarcas, sacerdotes, jueces y reyes. Fíjate en el origen humilde de cada uno de los siguientes héroes y cómo Dios los usó a pesar de sus errores pasados o circunstancias difíciles:
   - Jacob en Génesis 27. Describe la manera en la que Jacob aseguró su progenitura. ¿Has manipulado a personas o circunstancias para tu beneficio personal? ¿Cuál fue el resultado de tus acciones?
   - Moisés en Éxodo 2.1–10. ¿En qué tipo de riesgos estuvo Moisés en sus primeros momentos de vida? ¿Hubo momentos en tu niñez cuando estuviste en riesgo?

___

- Gedeón en Jueces 6.11–18. ¿Cómo describe Gedeón sus sentimientos de falta de mérito? ¿Cuál es la fuente de tus sentimientos de falta de mérito?
- Samuel en 1 Samuel 1. El nacimiento de Samuel fue milagroso, pero piensa en cómo se sintió Ana antes de concebir. ¿Alguna vez has esperado por mucho tiempo por la respuesta a una oración y finalmente recibiste la respuesta que deseabas?
- David en 1 Samuel 16.1–13. ¿Cuáles son las señales que indican que la familia estaba pasando por alto a David en este sacrificio? ¿Alguna vez te han ignorado o te han tratado con indiferencia debido a tu estatus o tu edad?

TU MOMENTO DE CRUCE

3. Compara el relato de lo que hicieron los sacerdotes con el arca en Josué 3.14–17 con la historia de Rahab atando un cordón rojo en su ventana en Josué 2.17–21.

   - ¿Qué razones podría tener Dios para pedir un acto de buena fe antes de proveer liberación?
   - ¿Alguna vez él te ha pedido que des un paso de fe como este? ¿Cómo respondiste? ¿Cómo quisieras responder en el futuro?
   - ¿Qué pasos de fe te sientes inclinado a dar hoy?
   - ¿Hay algo que uses para indicar tu fe en Dios o que te identifique con él?

4. Rahab fue considerada una mujer de gran fe a pesar de las circunstancias de su vida (Jos 2.9–11).

   - Recuerda una situación difícil en tu vida en la que Dios se presentó. ¿En qué se parecía esa situación a la de Rahab? ¿Cómo respondiste? ¿Cuál fue el resultado?
   - ¿Cómo crees que cambió la vida de Rahab después de ser salva (ver Jos 6.25)?

TU TIERRA PROMETIDA

5. Lee Mateo 1.5.

- ¿Por qué crees que Dios convirtió a Rahab, una exprostituta, en la tatarabuela del rey David, y por lo tanto, una antepasada de Jesús mismo?
- Como la decisión de Rahab de actuar en fe al hacer señas con el cordón rojo, ¿qué decisiones estás tomando hoy que podrían sentirse durante generaciones por venir?

6. La mujer samaritana en Juan 4 no tenía ninguna posición de influencia; era una mujer al margen de su sociedad. Sin embargo, luego de una sola conversación con Jesús, ella se convirtió en una gran testigo para su pueblo.

- ¿Qué ocurrió en este encuentro con Jesús que la cambió? ¿Qué puede esto enseñarnos acerca de ayudar a otros a encontrarse con Jesús?
- Si el poder y la victoria de Dios se volvieran más activos en tu vida, ¿a quién podrías influenciar?

ORACIÓN CON PROMESA

*Señor Jesús, mi Rescatador, recuérdame hoy que gracias a tu perdón, mi pasado no me descalifica para recibir tus promesas. Muéstrame cómo dar un paso intencional y audaz para comenzar una nueva vida de Tierra Prometida diseñada por ti. Oro en tu santo nombre, amén.*

# 5

# DESEMPACA

*Lectura: Josué 3*

> *Cuando lleguen a la orilla del río Jordán, den unos cuantos pasos dentro del río y deténganse allí.*
> Josué 3.8 (NTV)

## TU DESIERTO

1. La maleta sin desempacar de Jimmy Wayne indicaba que todavía no se había establecido completamente. Si alguien te estuviera observando, ¿diría que todavía no estás completamente establecido en la familia de Dios?
   - ¿Tienes dudas sobre ti que te mantienen en un desierto espiritual?
   - ¿Qué dudas tienes acerca de Dios?
   - ¿Qué necesitas aceptar acerca del carácter de Dios para que puedas sentirte seguro y que desempaques tus maletas?

2. Los hebreos pudieron haber cruzado a la Tierra Prometida cuarenta años antes de hacerlo, pero perdieron la oportunidad porque dudaron de Dios.
   - Describe un momento en tu vida en el que lamentaste haber perdido una oportunidad para crecer espiritualmente.
   - ¿Qué harías diferente si se te diera una segunda oportunidad?
   - ¿Qué aprendiste de esa oportunidad perdida? ¿Cómo te equipa ese conocimiento para aprovechar las oportunidades de hoy?

## Tu momento de cruce

3. Los sacerdotes simplemente «pusieron el pie en el río» (Jos 3.15 TLA).

   - Cuando te metes en una piscina por primera vez, ¿metes el pie en el agua por un rato, entras en el agua poco a poco, te zambulles desde el borde o te tiras desde el trampolín haciendo la bomba?
   - ¿Cuál de estas entradas a la piscina describe mejor tu manera de dar pasos de fe?
   - Piensa en un momento en el que diste un paso firme de fe. ¿Cómo afectó esto tu fe y tu relación con Dios?
   - ¿A qué pequeños pasos de fe te ha dirigido el Señor? ¿Te pareció que estos pasos fueron difíciles de obedecer? ¿Cómo los bendijo Dios?

4. Dios detuvo el agua cuarenta y ocho kilómetros río arriba del lugar de cruce de los israelitas, muy lejos de su vista.

   - Describe un momento en el que Dios te protegió o suplió una necesidad a través de acciones muy lejos en tiempo o lugar.
   - ¿Cómo puedes darle las gracias por esa provisión?

## Tu Tierra Prometida

5. El capítulo analiza tres pasajes que describen la convincente protección de Dios. Lee Romanos 8.38–39, Colosenses 1.13 y Juan 10.28.

   - ¿Acaso te preocupa el que puedas alguna vez perder tu posición como hijo de Dios? Si es así, ¿en qué manera te animan estos versículos?
   - ¿Qué hace falta para que estés «convencido» (Ro 8.38 NVI) de las verdades que hay en estos versículos?

6. «Al igual que los hebreos, hemos sido dramáticamente liberados».

   - ¿Cuál es tu historia de liberación? ¿Cuándo te rescató Dios?
   - ¿Cómo te hace sentir respecto del futuro pensar en la misericordia de Dios en el pasado? ¿Cómo afecta esto tu relación con Dios?

## ORACIÓN CON PROMESA

*Señor Jesús, mi Salvador, recuérdame que, independientemente de mis experiencias, sigo siendo un hijo redimido de Dios. Permite que tu liberación me defina, a medida que entiendo tu gracia más y más. Mi vida tiene significado debido a la cruz y a la obra que tú hiciste allí. Continúa perfeccionándome en tu salvación. Oro en tu nombre, amén.*

# 6

# NO TE OLVIDES DE RECORDAR

*Lectura: Josué 4.1—5.12*

> *Lo hizo [...] para que ustedes temieran al Señor su Dios para siempre.*
> Josué 4.24 (NTV)

## Tu desierto

1. ¿De qué maneras has sentido los ataques del enemigo? ¿Qué pecados te han mantenido en esclavitud?
   - ¿Te ha dado ya el Señor victoria sobre ellos? ¿Cómo lo has alabado por esto?
   - ¿Te falta todavía experimentar la victoria sobre algunos pecados? ¿En qué manera modifica tu perspectiva, en cuanto a buscar la victoria, pensar en los pecados como una batalla espiritual?

2. Toma unos momentos ahora para pensar en la historia de tu vida.
   - ¿Has experimentado altos y bajos debido a las decisiones que has tomado?
   - ¿En qué momentos has atravesado por luchas importantes debido a las decisiones de otra persona?

## Tu momento de cruce

3. Josué y Caleb esperaron cuarenta años para cruzar el Jordán y entrar otra vez a la Tierra Prometida.
   - ¿Cuánto tiempo has estado esperando para experimentar una vida de victoria?

- ¿Qué ha impedido que entres a tu Canaán?

4. Lee Efesios 6.12–16.

- ¿Has luchado alguna vez contra «poderes humanos» (DHH)? ¿Has luchado alguna vez contra «fuerzas espirituales» (DHH)? ¿Cómo puedes distinguir la diferencia?
- ¿Falta hoy en tu vida alguna pieza de «toda la armadura de Dios» (v. 13 NVI)? ¿El cinturón de la verdad? ¿La coraza de justicia? ¿El calzado de la paz? ¿El escudo de la fe?
- ¿Qué te ayudaría a recordar que debes vestirte con toda tu armadura espiritual cuando enfrentas tus pruebas?

## Tu Tierra Prometida

5. En Josué 4, Dios le ordenó a Josué que le dijera a una docena de hombres que tomaran una piedra del lecho del Jordán. Luego Josué hizo un altar con aquellas piedras para así conmemorar lo que Dios había hecho.

- Identifica con exactitud un momento en tu vida en el que viste claramente la mano fiel de Dios obrando. ¿Con qué facilidad olvidas esa experiencia cuando enfrentas un nuevo reto?
- ¿Qué estás haciendo para mantener ese recuerdo en mente? Si tienes un diario de ese tiempo, vuélvelo a leer. Si el recuerdo está vinculado a un lugar específico, visítalo.

6. Dios también les ordenó a los hebreos que recordaran de quién eran ellos. Echa un vistazo a los nombres con los que Dios te llama. ¿Con cuáles de ellos te identificas más? ¿Cuáles necesitas aceptar plenamente en la Tierra Prometida?

- hijo (Jn 1.12)
- amigo (Jn 15.15)
- redimido (Ro 3.23–24)
- coheredero (Ro 8.17; Gá 4.7)
- nueva criatura (2 Co 5.17)

- escogido, santo, y sin mancha (Ef 1.4)
- hechura de Dios (Ef 2.10)

## ORACIÓN CON PROMESA

*Señor Jesús, mi Libertador, recuérdame durante todo este día la gracia que me has dado en días ya pasados. Ayúdame a no olvidar que tú tienes un plan claro para mi vida. No necesito preocuparme cuando recuerdo de quién soy. Oro en tu nombre, amén.*

# 7

# ACUDE A TU COMANDANTE

*Lectura: Josué 5.13–15*

*¿Qué quieres que haga tu siervo?*
JOSUÉ 5.14 (NTV)

## TU DESIERTO

1. Varios ejemplos de «contra» se citan en este capítulo: David contra Goliat, Elías contra Jezabel, Juan contra el Imperio Romano. Y la historia de Josué contra la ciudad de Jericó comienza en Josué 5.
   • ¿Cuál es tu «contra»? Si escribieras tu nombre en el primer blanco, ¿qué escribirías en el segundo? ¿Qué reto o enemigo estás enfrentando?

_____ contra _____

2. ¿Sientes que llevas las de perder en esta batalla?
   • ¿De qué maneras tu batalla parece insuperable?
   • ¿Cómo estás entrando en el «territorio enemigo» para pelear esta batalla?
   • Algunos eruditos sugieren que Josué fue solo a inspeccionar los muros de Jericó. Piensa en alguna circunstancia en la que te sentiste solo en territorio enemigo. ¿Cuál fue el resultado?

## TU MOMENTO DE CRUCE

3. Dedica unos momentos a la adoración. Permite que tu habitación se convierta en una capilla. Quítate los zapatos, tal como Dios le ordenó a Josué en Josué 5.15.

   - Cualquier lugar donde Dios está presente es lugar santo. ¿Está presente contigo en este momento? ¿Cómo lo sabes?
   - ¿Qué garantías te ofrecen las Escrituras? Comienza con Josué 1.9 y Hebreos 13.5–6.

4. ¿Cuál es tu postura típica cuando hablas con Dios? ¿Cómo afecta esto tu actitud?

   - ¿Cómo cambiarían tus palabras y tu reverencia si te inclinaras en el suelo al orar?
   - ¿Titubeas para llevar a cabo algún acto de adoración en público? ¿Por qué?
   - ¿Cómo cambiaría esto si pensaras que Dios está justo a tu lado?

## TU TIERRA PROMETIDA

5. ¿Cómo cambia la perspectiva de tus batallas cuando dedicas tiempo para pensar en que tu Amigo y Salvador, Jesucristo, es el Comandante del ejército de Dios y que está peleando tus batallas por ti?

   - «Millares y millares de ángeles» (Heb 12.22 NVI), y quizás hasta millones de millones (Ap 5.11), están esperando las órdenes del Comandante. ¿Cómo te imaginas al ejército de Dios?
   - ¿Qué te gustaría pedirle a Jesús, como tu Comandante, que su ejército hiciera por ti? ¿Qué está impidiendo que se lo pidas? ¿Qué necesitas hacer para efectuarlo?

6. Cerca de Jericó, Josué se encontró con el Comandante. ¿Cómo crees que lo afectó ese encuentro?

   - ¿Has sentido alguna vez que eres tan fuerte que no necesitas adorar? ¿Por qué?
   - ¿Qué acciones específicas puedes realizar para recordarte que debes adorar a Dios todos los días?

## ORACIÓN CON PROMESA

*Señor Jesús, mi Comandante, abre mis ojos para que pueda ver los enormes ejércitos que aguardan tus órdenes, y capacítame para vivir con una obediencia y una confianza similar a las de ellos. Cualesquiera sean los muros que enfrente hoy, ayúdame a ver más allá de los obstáculos, y a enfocarme en ti y en tu poder. Oro en tu poderoso nombre, amén.*

8

# MARCHA ALREDEDOR DE JERICÓ

*Lectura: Josué 6*

> *¡Griten, porque el Señor les ha entregado la ciudad!*
> Josué 6.16 (ntv)

## Tu desierto

1. «Nosotros tenemos fortalezas en nuestras vidas. El apóstol Pablo usó el término para describir una mentalidad o actitud». De las fortalezas que se mencionan en este capítulo, ¿con cuáles te identificas más?
   - culpa
   - resentimiento
   - autocompasión
   - orgullo
   - rechazo
   - derrota
   - desempeño
   - apariencia
   - materialismo

2. ¿Cuáles otras fortalezas, similares a Jericó, ha levantado el enemigo en tu territorio?
   - ¿Por qué crees que estas actitudes específicas se han arraigado en tu vida?
   - ¿Cuál es tu primer paso para conquistarlas?

## Tu momento de cruce

3. Relee Josué 6. ¿Cuándo te ha pedido Dios que des un paso de fe para derribar una fortaleza?

- ¿Qué paso de fe Dios te ha llamado a dar que te parece muy extraño como para obedecerlo?
- ¿Cómo se movió Dios a través de tu fidelidad?
- ¿Cómo puedes mantener a Dios en el centro de tu lucha?

4. ¿Qué dice 2 Corintios 10.3–4 que ya tienes a tu disposición «para la destrucción de fortalezas»?

- Max identifica tres armas espirituales para combatir fortalezas: adoración, Biblia y oración. ¿Cuál sientes que es la más fuerte en tu vida?
- ¿Cómo puedes crecer en las otras áreas? Considera separar un tiempo específico para escuchar música de adoración, para leer un pasaje bíblico todos los días o dedicar tiempo adicional solo para orar por las fortalezas en tu vida.

Tu Tierra Prometida

5. Piensa en las fortalezas que identificaste en las preguntas 1 y 2.

- ¿Cómo cambiaría tu vida si no lucharas con estas actitudes y mentalidades?
- ¿Crees que si superas una podría esto convertirse en un trampolín para enfrentar la otra? ¿Dónde podrías comenzar esta jornada?

6. Memoriza hoy uno de estos dos pasajes bíblicos, y reclama la victoria en Jesucristo sobre tus fortalezas.

- «Sin embargo, en todo esto somos más que vencedores por medio de aquel que nos amó» (Ro 8.37 NVI).
- «Todo lo puedo en Cristo que me fortalece» (Fil 4.13).

Oración con promesa

*Señor Jesús, mi Confianza, te ruego que me concedas la victoria sobre las fortalezas espirituales que me rodean como muros del enemigo. Derriba mis muros de miedo, de ira, de amargura y de prejuicio. ¡Concédeme una actitud de gozo en mi vida en la Tierra Prometida! Oro en tu nombre, amén.*

9

# NO CONFÍES EN LAS COSAS

*Lectura: Josué 7*

> —Es cierto —le respondió Acán a Josué—. ¡He pecado contra el Dios de Israel!
> Lo que pasó fue [esto].
> JOSUÉ 7.20 (TLA)

## TU DESIERTO

1. Josué 6.18–19 especifica que los hebreos no debían quedarse con nada de lo que había en Jericó, y esto era totalmente opuesto a la costumbre de aquel tiempo. En lugar de esto, los hebreos tenían que confiar en que Dios supliría todas sus necesidades.
   - ¿De cuáles posesiones dependes más en tu vida? ¿Sin cuál de ellas te daría más trabajo vivir?
   - ¿Cuál aspecto de tu vida te da más trabajo confiárselo a Dios? ¿El trabajo, la familia o las amistades? ¿Y qué tal el dinero, tu casa o tu salud?
   - ¿Por qué te aferras con tanta fuerza a ese aspecto de tu vida?
   - ¿Qué pasos podrías dar para demostrarle a Dios que confías en él con las cosas que están más cerca de tu corazón? ¿Podrías rendir algo muy preciado para ti esta semana como señal de que no es más importante para ti que Dios?

2. Deuteronomio 8.4 y 29.5 demuestra que Dios proveyó para los hebreos de una manera aparentemente pequeña, pero significativa: ¡su ropa y sus sandalias no se gastaron en cuarenta años!

- ¿Cómo ha provisto Dios para ti de maneras pequeñas pero que han sido significativas?
- ¿Qué retos importantes estás enfrentando en estos momentos? ¿Estás confiando en que Dios puede lidiar con ellos?

## Tu momento de cruce

3. Cada día llega con la oportunidad de obedecer a Dios en cosas grandes y pequeñas.
   - ¿Cuáles son algunas de esas decisiones pequeñas que tomas todos los días para cumplir con las instrucciones de Dios?
   - ¿Cómo te prepara tomar esas decisiones pequeñas para las decisiones más grandes?
4. «No es que el pueblo de Hai fuera formidable. Más bien es asunto de que el campamento hebreo estaba envenenado».
   - ¿Qué decisiones estás tomando que podrían envenenarte a ti y a tu campamento?
   - ¿Cuál es la mejor manera para confesarlas? ¿Conoces a alguien de tu completa confianza con quien puedas compartir tus dudas y luchas? Hazlo esta semana.

## Tu Tierra Prometida

5. ¿Conoces a alguna persona a la que admires y que parece que confía en Dios en estos aspectos de su vida? ¿Podrías salir a almorzar o tomarte un café con esta persona? Si no es posible una reunión cara a cara, ¿podrías hacerle algunas preguntas por teléfono o por email? Considera hacerle preguntas como estas:
   - ¿Cómo te recuerdas a ti mismo que puedes confiar en Dios?
   - ¿Cuáles porciones bíblicas te animan a confiar en Dios?
   - ¿Cuándo no has confiado en Dios? ¿Qué aprendiste de esa experiencia?
6. «Los Días de Gloria ocurren de acuerdo al grado de nuestra confianza en Dios».
   - ¿Cómo puedes incrementar el grado en el que confías en Dios?

Igual que como haces ejercicio para aumentar tu fortaleza física, ¿qué ejercicios espirituales podrían aumentar tu confianza?

· ¿Cómo «estás invirtiendo en la moneda del cielo»? ¿Cómo se parece esto a tu vida?

## ORACIÓN CON PROMESA

*Señor Jesús, mi Rey, muéstrame lo equivocado que estoy cada vez que escondo algo de ti. Si cualquier cosa que atesoro está arraigada en mi vida más profundamente que tú, exponla, arráncala y haz de mí una persona completamente dependiente de ti. Confío en ti. Oro en tu digno nombre, amén.*

## 10

# NINGÚN FRACASO ES FATAL

*Lectura: Josué 8.1–29*

> Ahora, pues, ninguna condenación hay para los que están en Cristo Jesús, los que no andan conforme a la carne, sino conforme al Espíritu.
> ROMANOS 8.1

### TU DESIERTO

1. Josué estaba en un callejón sin salida luego de la gran derrota en Hai. Y le reclamó a Dios: «¡Ah, Señor Jehová! ¿Por qué hiciste pasar a este pueblo el Jordán, para entregarnos en las manos de los amorreos, para que nos destruyan?» (Jos 7.7).
   - ¿Por qué crees que Dios permitió que Josué fracasara?
   - ¿Has respondido alguna vez como Josué y te has preguntado por qué Dios permitió que fracasaras? ¿Qué razones podría tener Dios para permitir que tropezaras?

2. Una cosa es fracasar; otra es *sentirte* como un fracasado.
   - ¿Cuándo has sentido el aguijón del fracaso? En una escala del uno al diez, donde uno es ser un fracaso y diez ser un éxito, ¿cómo te valorarías? ¿Por qué te valoras así?
   - ¿Te persiguen tus fracasos? ¿Hasta qué punto te sientes atrapado «en el Leavenworth de una autoestima pobre»?
   - ¿Qué has aprendido de tus fracasos? ¿Puedes identificar fracasos en tu vida que luego te llevaron al éxito?

### TU MOMENTO DE CRUCE

3. «Ahora, pues, ninguna condenación hay para los que están en Cristo Jesús, los que no andan conforme a la carne, sino conforme al Espíritu» (Ro 8.1).

   - ¿De qué maneras te sientes condenado por tus fracasos o errores en la vida?
   - Si Dios no te condena, entonces, ¿de dónde vienen esos sentimientos de condenación?
   - Lee Romanos 8.26. ¿Cómo te anima este versículo cuando te sientes desamparado?

4. En Lucas 15 puedes leer la historia del hijo pródigo y de cómo tocó fondo. Despertó a la realidad de su situación cuando se dio cuenta que deseaba comerse la comida de los cerdos.

   - ¿Ha habido algún momento en tu vida cuando te diste cuenta de una forma similar a esta sobre alguna situación o pecado? ¿Cómo te sentiste al despertar?
   - ¿Has vivido momentos de fracaso aun después de momentos de convicción? ¿Cómo respondiste? ¿Fue más fácil o más difícil despertar que antes? Santiago 4.6 dice: «Pero él da mayor gracia». ¿Cuándo necesitas más gracia de parte de Dios?

### TU TIERRA PROMETIDA

5. «La oferta de la Tierra Prometida de Dios no depende de tu perfección. Depende de la de él».

   - A la izquierda de una hoja de papel, haz una lista de las maneras en las que crees que has fracasado, en las que te sientes indigno o en las que piensas que eres más propenso a cometer errores.
   - A la derecha del papel, anota una característica de Jesucristo en cada uno de los siguientes versículos: Mateo 9.36; Marcos 1.41; 10.45; Lucas 23.34; Juan 14.14; 15.12–13; y Filipenses 2.8.

- ¿Cómo puedes apoyarte en las cualidades de Jesús que escribiste a la derecha del papel?

6. ¿Cómo puedes depender de forma más intencional en la perfección de Jesús?

- ¿En qué área de tu vida sientes que estás «solo subsistiendo»? ¿Cómo podrías depender más en la victoria de Cristo en esa área?

- Escoge uno de los versículos de la pregunta 5 y memorízalo esta semana.

## ORACIÓN CON PROMESA

*Señor Jesús, mi Éxito, recuérdame que usas mis fracasos para exhibir tu gracia. Dame certeza de éxito en tu victoria. Dame la fortaleza para seguir tu plan de éxito, no el mío. Oro en tu precioso nombre, amén.*

# VOCES, DECISIONES Y CONSECUENCIAS

*Lectura: Josué 8.30–35*

> Yo, el SEÑOR tu Dios [...] derramo amor inagotable por mil generaciones sobre los que me aman y obedecen mis mandatos.
> ÉXODO 20.5–6 (NTV)

## TU DESIERTO

1. «Los Días de Gloria ocurren cuando tomamos buenas decisiones. Y los problemas llegan cuando no lo hacemos».
   - ¿Cuál es la mejor decisión que jamás hayas tomado? ¿Cuál es la peor?
   - ¿Cuáles son algunas de las consecuencias de cada una de esas buenas y malas decisiones?
   - ¿Qué voces estabas escuchando cuando tomaste esas decisiones?

2. El mundo está lleno de voces. Los consejos de amistades. Los medios de comunicación mostrándote la más reciente novedad. La Palabra de Dios.
   - ¿Cuáles voces escuchas con más frecuencia? ¿Te atraen las voces más altas? ¿O las más persistentes?
   - ¿Cuáles son las consecuencias de prestar atención a la Palabra de Dios?

## TU MOMENTO DE CRUCE

3. Existen pocas maneras de engañarse a sí mismo que sean tan profundas como las de un cristiano superficial, según el libro de Santiago: «No se contenten sólo con escuchar la palabra, pues así se engañan ustedes mismos. Llévenla a la práctica» (1.22 NVI).

   • Menciona algo que sabes que debes hacer en obediencia a Dios, pero que estás titubeando si lo haces o no. ¿Hay algún mandamiento que te esté dando trabajo cumplir? ¿Por qué crees que es así?

   • ¿Existe alguna mentira detrás de la inacción que esté impidiendo que vivas la vida de la Tierra Prometida? ¿Existen algunas mentiras que estés creyendo sobre ti, Dios u otras personas? ¿Cómo podrías eliminarlas hoy?

4. ¿Cuáles pasajes bíblicos te alientan no solo a escuchar sino a obedecer? Comienza con estos:

   • Deuteronomio 31.6; Salmos 16.8; 46.1–3; 55.22; 86.7; Proverbios 3.5–6; Isaías 41.10; Lucas 18.27; Juan 14.27; 16.33; Romanos 8.31; 2 Corintios 4.17; Filipenses 1.6; Colosenses 3.15; 2 Timoteo 1.7; y 1 Pedro 5.7.

   • Selecciona uno de estos pasajes, escríbelo en una tarjeta y colócalo en un lugar donde puedas verlo y leerlo varias veces al día.

## TU TIERRA PROMETIDA

5. Dios promete derramar «amor inagotable por mil generaciones sobre los que me aman y obedecen mis mandatos» (Éx 20.6 NTV).

   • ¿Qué efecto tiene en tu vida el obedecer los mandamientos de Dios? ¿En la vida de tus hijos? ¿En la vida de tus nietos?

   • Identifica uno o dos mandamientos que hayas tomado muy en serio. ¿Cómo esperas que tu obediencia afecte a tu comunidad como un todo?

6. ¿Quiénes son las voces positivas en tu vida, gente que te anima a seguir al Señor?

---

- ¿Cómo podrías planificar tu horario de modo que puedas pasar más tiempo con estas personas en tu rutina semanal o mensual?
- ¿Le has expresado a cualquiera de estas personas lo significativas que son sus palabras para ti? ¿Cómo podrías hacerlo en la próxima semana?

ORACIÓN CON PROMESA

*Señor Jesús, mi Voz, busco tu favor, pero con frecuencia descuido tus palabras. Hazme regresar hoy a tus Escrituras, graba en mí el significado de los versículos y permite que pueda escucharte claramente en mi vida de la Tierra Prometida. Oro en tu nombre, amén.*

I2

# HAZ ORACIONES AUDACES

*Lectura: Josué 9—10*

*Acerquémonos, pues, con confianza al trono de nuestro Dios amoroso, para que él tenga misericordia de nosotros y en su bondad nos ayude en la hora de necesidad.*
HEBREOS 4.16 (DHH)

TU DESIERTO

1. Lee Josué 9.1–18 y la alianza con los gabaonitas.
   - ¿Te has sentido alguna vez manipulado o engañado, como le ocurrió a Josué?
   - ¿Qué paso clave omitió Josué al tomar una decisión tan importante?
   - ¿Has omitido este paso clave al tomar alguna decisión importante en tu vida? ¿Lamentaste haberlo hecho?
2. ¿Qué «disfraces» usa el enemigo para engañarte?
   - ¿Qué oportunidades parecían buenas, pero en realidad eran malas alternativas disfrazadas para parecer buenas?
   - ¿En qué situaciones te sientes tentado a comprometerte demasiado y luego no puedes cumplir?
   - ¿Hay alguien en tu vida que te empuja o te manipula a hacer cosas que no son sabias?

TU MOMENTO DE CRUCE

3. En este capítulo se cita tanto a Martín Lutero como a John Wesley por sus oraciones audaces.

- ¿Conoces a alguien que ore con audacia? ¿Por qué crees que esa persona puede orar de manera tan audaz?
- ¿Qué motivo te impulsa a orar con audacia hoy?

4. Toma tiempo ahora para orar por tus retos u oportunidades.
   - ¿Qué podrías hacer hoy de manera distinta para orar con más audacia? ¿Un cambio en tu postura al orar? ¿Un cambio en el tono?
   - ¿Por lo general usas ciertas palabras cuando oras? ¿Podrías usar palabras diferentes para expresar lo que hay en tu corazón con más profundidad?

## Tu Tierra Prometida

5. ¿Qué decisiones importantes tienes que tomar en el próximo mes o año?
   - Considera hacer una promesa personal de llevar primero estas decisiones ante Dios en oración.
   - ¿Te resulta difícil traer ante Dios ciertas cosas? ¿Qué te lo impide? ¿Cómo puedes encontrar la audacia para traer ante Dios tus decisiones?

6. «Acerquémonos, pues, con confianza al trono de nuestro Dios amoroso, para que él tenga misericordia de nosotros y en su bondad nos ayude en la hora de necesidad» (Hebreos 4.16 DHH).
   - ¿Cómo puedes mantenerte en una postura audaz y confiada ante Dios?
   - ¿Cuáles rutinas regulares de oración audaz podrías establecer esta semana?

## Oración con promesa

*Señor Jesús, mi Salvador, sé que escuchas mis oraciones, pero a veces no pido lo suficiente. Siento dudas. Me demoro. Hazme una persona audaz. Invita mi lado más atrevido a nuestras conversaciones de modo que pueda contarte hasta de mis deseos más osados y mis sueños más descabellados. Oro en tu nombre, amén.*

## 13

# TÚ ERES TÚ

*Lectura: Josué 11–22*

> *Presta mucha atención a tu propio trabajo, porque entonces obtendrás la satisfacción de haber hecho bien tu labor y no tendrás que compararte con nadie. Pues cada uno es responsable de su propia conducta.*
> GÁLATAS 6.4–5 (NTV)

## TU DESIERTO

1. «Eres el intento inicial y último del cielo para crear a alguien como tú. Eres inimitable, inigualable y sin precedente. Por consiguiente, puedes hacer algo que nadie más en ninguna manera puede hacerlo».
   - Describe los aspectos y atributos de tu personalidad que se combinan para hacerte «inimitable».
   - Da gracias a Dios por los dones que te ha dado. Luego, piensa si estás o no usando al máximo esos dones. ¿Cómo podrías desarrollarlos más? ¿Cómo podrías reinvertirlos en el reino del Señor?

2. En algunos sentidos, los hebreos fueron perezosos y no conquistaron completamente la tierra que les fue dada ni expulsaron a sus enemigos.
   - ¿De qué maneras todavía te falta desarrollar completamente tus dones?
   - ¿Cuál(es) de las capacidades que Dios te ha dado podrías desarrollar, aplicar y usar para el bien de otros?

## TU MOMENTO DE CRUCE

3. ¿Cuándo te sientes en tu «mejor condición» y que estás teniendo éxito en la vida?
    • ¿Qué estás haciendo típicamente en tus mejores «Días de Gloria»?
    • ¿Qué estás haciendo típicamente en los días que todo luce menos glorioso?
4. «Nosotros somos creación de Dios. Por nuestra unión con Jesucristo, nos creó para que vivamos haciendo el bien, lo cual Dios ya había planeado desde antes» (Ef 2.10 TLA).
    • ¿Qué dones y capacidades te ha dado Dios que han transformado tu vida?
    • ¿Cómo estás usando esos dones para ayudar a otros?

## TU TIERRA PROMETIDA

5. «Nadie recibe todo. Pero todos reciben algo».
    • ¿Has deseado alguna vez más o diferentes dones y capacidades?
    • ¿Qué capacidades puedes admitir que no tienes?
    • ¿Qué es ese «algo» que tienes por lo que puedes dar gracias a Dios?
6. «El don revela destino».
    • ¿Cuál de tus dones podría revelar algo sobre tu futuro?
    • ¿Cómo estás desarrollando tus dones para prepararte para el futuro?
7. «Tú eres tú».
    • ¿Cómo te describirías?
    • Imagina cómo describirían tus dones las personas que te aman y te aprecian. ¿Cuál dirían que es tu mejor don?
    • Medita en cómo Dios te ha colocado en algunas situaciones para que uses los dones que él te ha dado.

## ORACIÓN CON PROMESA

*Señor Jesús, mi Inspiración, ayúdame a confiar en los dones y en las capacidades que vienen de mi dependencia de ti. Concédeme esa humildad verdadera que viene de la sabiduría; para que no piense de mí ni demasiado ni muy poco, sino justo lo apropiado... tal como tú quieres que sea. Oro en tu nombre, amén.*

14

# UNA MENTE EMPAPADA EN DIOS

*Lectura: Josué 14.6–15*

> Y ahora, que toda la gloria sea para Dios, quien puede lograr mucho más de lo
> que pudiéramos pedir o incluso imaginar mediante su gran poder, que actúa en
> nosotros.
>
> EFESIOS 3.20 (NTV)

TU DESIERTO

1. Las palabras de Caleb en Josué 14.6–12 enfatizan repetidamente
el nombre «Jehová», lo que demuestra que el Señor es el personaje principal de la historia. El tema de los pensamientos de Caleb
parece siempre ser «Jehová».
   - ¿Qué cosas del mundo distraen tu enfoque en Dios?
   - ¿Es la «economía»? ¿O «ese imbécil»? ¿Es «mi madre»? ¿O «mi
trabajo»? ¿Qué personas, circunstancias o eventos dominan
tus pensamientos de una forma que te gustaría reemplazar con
pensamientos del Señor?
   - Si convirtieras al Señor en un tema constante de tus
pensamientos, ¿cómo cambiaría esto tu manera de ver a estas
personas, circunstancias o eventos que te distraen?
2. Para el salmista en Salmos 42.6, «las alturas del Hermón» y «el
monte Mizar» eran lugares de prueba y dificultad intensas.

- ¿Qué lugares o situaciones han traído a tu vida las mayores pruebas o dificultades?
- ¿Cómo puedes añadir conscientemente a Dios a esos recuerdos? ¿Dónde puedes ver a Dios obrando en esas situaciones?

## TU MOMENTO DE CRUCE

3. Colosenses 3.2 (NVI) dice: «Concentren su atención en las cosas de arriba».
   - ¿Qué hábitos tienes que te ayudan a concentrar tu atención en las cosas de arriba?
   - Piensa en alguien cuya fe admires. ¿Cómo podrías imitar en tu vida el enfoque centrado en Dios de esa persona?

4. El capítulo resalta tres recomendaciones importantes para imitar la vida de fidelidad a Dios que vivió Caleb. Meditemos en cada una de ellas.
   - *Sumerge tu mente en los pensamientos de Dios.* En una escala del uno al diez, donde uno es estar abajo y diez es estar arriba, ¿qué tan sumergida está tu mente en los pensamientos de Dios? ¿Qué puedes hacer hoy para aumentar ese número?
   - *No escuches a los que dudan.* ¿Qué hábitos podrían ayudarte a hacer esto mejor?
   - *Centra tu mente en una causa santa.* ¿En qué causa santa sientes que Dios te está llamando a centrar tu mente? Menciona algo grande que quieres que ocurra para la gloria de Dios.

## TU TIERRA PROMETIDA

5. Dios «es poderoso para hacer todas las cosas mucho más abundantemente de lo que pedimos o entendemos» (Ef 3.20).
   - Piensa en algunos números o estadísticas que representarían cómo luciría tu vida de la Tierra Prometida. Sueña por un momento. Podrían ser libras perdidas o clientes servidos, días de sobriedad o años en jubilación. Podría relacionarse con tu

salario, inversiones o un aumento, pero piensa también en asuntos que no se relacionen a las finanzas.

- Con Dios te tu lado, ¿podrían ocurrir estas cosas? ¿Qué te está deteniendo?
- ¿Qué porcentaje representaría «mucho más abundantemente»? ¿Veinte por ciento más? ¿Cincuenta por ciento más? ¿Cien por ciento más?
- Multiplica por ese por ciento eso que estás pidiendo o pensando y pídele a Dios que lo haga... en su tiempo y a su manera.

6. «Mucho más abundantemente» en Efesios 3.20 podría significar más en cantidad, pero también en calidad.
   - ¿Existen pinceladas de sueños en tu vida que apuntarían más alto y serían más importantes para otras personas a tu alrededor?
   - ¿Puedes imaginar un propósito más noble para tu vida que el que Dios desea que pidas o tengas en mente?

ORACIÓN CON PROMESA

*Señor Jesús, mi Espíritu Santo, enfoca hoy mi atención en ti y en tus caminos. Dame un espíritu diferente, y centra mi mente en ti. Ayúdame a ver el mundo que me rodea a través de tus ojos, para que así pueda ver una Tierra Prometida más allá de cualquier cosa que yo pueda pedir o imaginar. Oro en tu nombre todopoderoso, amén.*

# PALABRAS QUE NO FALLAN

*Lectura: Josué 21.43–45*

> No faltó palabra de todas las buenas promesas que Jehová había hecho [...] todo se cumplió.
>
> JOSUÉ 21.45

## TU DESIERTO

1. En el pasado, ¿alguien ha faltado a alguna promesa que te hizo?
   - ¿Cuán profundamente confiabas en esa persona antes de que te fallara?
   - ¿Cómo se sintió el que hayan traicionado tu confianza?
   - ¿Ha traicionado Dios tu confianza en algún momento? ¿Qué promesas sientes que todavía no han sido cumplidas en tu vida, pero que todavía pueden cumplirse?
   - ¿Cuándo se cumplieron las promesas hechas a Israel?

2. Si aceptas el mensaje de *Días de Gloria*, de vez en cuando te encontrarás ante la encrucijada entre dudar o creer, y escogerás creer.
   - ¿Qué tipo de encrucijadas entre dudar o creer ya has enfrentado? ¿Cuándo ha sido probada tu fe?
   - ¿Qué encrucijadas puedes anticipar o saber que se aproximan? ¿Qué parte de la historia de Josué puede prepararte para ese día?

## TU MOMENTO DE CRUCE

3. En tres cortos versículos en el corazón del libro de Josué, se enfatizan tres veces las promesas cumplidas de Dios: «Dio Jehová [...] toda la tierra que había jurado dar» (21.43); «Jehová les dio reposo [...] conforme a todo lo que había jurado a sus padres» (v. 44); y «no faltó palabra de todas las buenas promesas que Jehová había hecho [...] todo se cumplió» (v. 45).

   • ¿Puedes identificar tres ocasiones en las que Dios haya cumplido las promesas que te hizo?

   • Toma un momento ahora para orar y darle gracias a Dios por su amor y fidelidad.

4. «La fe es una decisión. Y me decido por la fe».

   • ¿Cuándo podría ser la próxima vez que compartas con tus familiares o amistades que te has decidido por la fe y que estás firme en ello?

   • Tu familia y amistades tal vez estén esperando ver si vas a permanecer fiel en los momentos difíciles. ¿Cómo puedes prepararte para mantenerte firme cuando llegue ese momento?

## TU TIERRA PROMETIDA

5. ¿Cómo luciría tu vida si la vivieras con una fe más grande en las promesas de Dios?

   • ¿Cómo responderías en momentos difíciles si creyeras con más certeza en las promesas de Dios?

   • ¿Qué conductas problemáticas o adictivas podrían perder su atractivo si creyeras más profundamente en una promesa de Dios?

6. En este capítulo se presentan varias promesas de Dios. Busca algunas en tu Biblia y marca las que hablen más profundamente a tu corazón. Memoriza la que estés reclamando como tuyas.

   • Salmos 30.5

   • Salmos 34.19

- Salmos 41.3
- Isaías 43.2
- Juan 14.1–2
- 2 Corintios 12.9

## ORACIÓN CON PROMESA

*Señor Jesús, mi Promesa, recuérdame hoy cuán digno eres de mi confianza. Convénceme de tus promesas y hazme cautivo con tu presencia. Tus palabras nunca regresan vacías ni caen al suelo. Dame una fe inconmovible en ellas. Oro en tu santo nombre, amén.*

# DIOS PELEA POR TI

*Lectura: Josué 23*

> *Dios te protegerá*
> *y te pondrá a salvo*
> *de todos los peligros.*
> *Dios te cuidará*
> *ahora y siempre*
> *por dondequiera que vayas.*
> SALMOS 121.7–8 (TLA)

## TU DESIERTO

1. ¿Qué ha ocurrido en tu vida desde que comenzaste a leer este libro? ¿Has tenido luchas y victorias? ¿Tentaciones, aflicciones, pruebas?
   - ¿De qué maneras te está sacando Dios de un desierto y ayudándote a cruzar a tu vida de la Tierra Prometida?
   - ¿De qué forma piensas que todavía estás al este del río Jordán en tus luchas?

2. En meses recientes, ¿cómo has visto a Dios presente cuidando tu vida?
   - ¿Cuándo has sentido a Dios protegiéndote?
   - ¿Cómo ha sido el diablo incapaz de hacerte caer? ¿Te sientes cómodo llamando a esas experiencias «victorias» en Jesucristo (quien las hizo posibles)?

## TU MOMENTO DE CRUCE

3. ¿Qué pasos de fe te está llamando Dios a dar en respuesta a lo que has aprendido?

   - Piensa detenidamente en doce o más pasos de fe que podrías dar inmediatamente.
   - Reduce la lista a los tres principales. Pídele a Dios que te dirija en tu selección. Luego, comienza con un paso.
   - ¿Qué puedes hacer para asumir responsabilidad por cada uno de los tres pasos?

4. Lee Salmos 121.1–8.

   - ¿En qué área te sientes tentado a buscar «socorro» fuera de Dios?
   - ¿Cómo describe el versículo 5 la cercanía de Dios a ti?
   - ¿Cuándo te guarda Dios y por cuánto tiempo?

## TU TIERRA PROMETIDA

5. El capítulo te describe como un oso pardo que desenvaina la Palabra de Dios, y los problemas que te molestan se describen como ratas que huyen ante ti.

   - ¿De qué necesitas que Dios te proteja? Ahora, imagina a ese reto como una rata huyendo lejos de ti porque le tiene miedo a Dios. ¿Cómo te ayuda este tipo de imagen en palabras a ver las amenazas de una manera más apropiada?
   - ¡Alaba al Señor por el poder y la victoria tipo oso pardo que tienes en él! Justo en este momento y de manera intencional, dale las gracias por pelear por ti.

6. ¿Cómo resumirías lo que has aprendido de este estudio sobre la victoria que Jesucristo gana por ti?

## ORACIÓN CON PROMESA

*Señor Jesús, mi Gloria, concédeme hoy un sentido extraordinario de tu vida victoriosa. Ayúdame a ver las maneras pequeñas en las que peleas por mi alma cada día. ¡Gracias por todo lo mucho que haces por mí! ¡Soy tuyo y quiero que tu vida de la Tierra Prometida viva en mí! Oro en tu glorioso nombre, amén.*

# ACERCA DEL AUTOR

**M**ás de 120 millones de lectores han encontrado consuelo en los escritos de Max Lucado. Es pastor en la Iglesia Oak Hills en San Antonio, Texas, donde vive con su esposa, Denalyn y un dulce pero malportado quiltro llamado Andy.

CPSIA information can be obtained
at www.ICGtesting.com
Printed in the USA
LVHW041154020722
722637LV00005B/33